Petra Schneider – Gerhard K. Pieroth

Was hilft mir?

Impulse für jede Situation

Edition Lebensfreude in der LichtWesen AG

Besonderer Hinweis

Die Informationen und Hinweise in diesem Buch wurden sorgfältig und gewissenhaft überprüft und zusammengestellt. Für eventuelle Schäden, die durch die Anwendung der Inhalte und Ratschläge und deren Interpretationen in direkter oder indirekter Weise und Folge entstehen, übernehmen weder Verlag noch Autoren eine Haftung.

Die Karten und Interpretationsvorschläge sind nicht zur Diagnose und Behandlung von körperlichen oder psychischen Erkrankungen gedacht. Bei entsprechender Indikation wenden Sie sich an einen fachkundigen Arzt oder Therapeuten.

3. erweiterte Auflage 2004
© Edition Lebensfreude, LichtWesen AG, Pfungstadt
Alle Rechte vorbehalten
Texte: Petra Schneider und Gerhard Pieroth
Umschlaggestaltung, Satz und Layout: Murat Karacay
ISBN 3-936102-04-X

Printed in Germany

INHALTSVERZEICHNIS

Was bedeutet meine Karte?

Die Eigenschaften der aufgestiegenen Meister

Was mache ich mit den Karten?

An einem verregneten Sonntag morgen wacht Erna Jederfrau mit schlechter Laune auf. Sie kann nicht einmal sagen, weshalb sie schlechte Laune hat, außer daß sie eine anstrengende Woche hinter sich hat. Aber heute ist Sonntag, da könnte sie doch eigentlich froh sein.

Früher wäre der Sonntag verloren gewesen und Erna Jederfrau wäre mit noch mieserer Stimmung in die neue Woche gestartet. Doch heute holt sie das Kartenset „Was hilft mir?". Das nutzt sie seit einiger Zeit in allen möglichen Situationen, mit erstaunlichem Erfolg.

Erna holt die Karten heraus und mischt sie. Dabei macht sie sich noch einmal ihre Situation mit der schlechten Laune bewußt und fragt innerlich: „Was hilft mir auf eine angenehme Weise?" Nachdem sie die Karten hingelegt und aufgefächert hat, zieht sie spontan eine Karte:

Hoffnung – Nr. 26 – Gabriel steht darauf. Erna runzelt die Stirn: „Was soll das bedeuten?" fragt sie sich. Dann schlägt sie das Buch auf und beginnt zu lesen. „Wünsche und Erwartungen erkennen" springt ihr besonders ins Auge. Auch die Frage „Welche Sehnsucht liegt tief in mir?" trifft. Plötzlich wird es Erna klar: Eigentlich wollte sie an diesem Sonntag mit ihrem Freund eine Tour machen. Doch der mußte heute arbeiten – und nun merkt sie, wie sauer sie ist, den verregneten Sonntag schon wieder alleine verbringen zu müssen. Diese Erkenntnis überrascht sie, denn sie war überzeugt, daß es ihr nichts ausmacht. Dann wird ihr klar, daß sie nicht ärgerlich ist, weil ihr Freund heute arbeiten muß, sondern weil sie sich in letzter Zeit so wenig sehen. Immer gibt es einen anderen Grund. Sie beschließt, mit ihrem Freund darüber zu reden.

„Dann wird klar, was man wirklich will" liest Erna. Sie schließt die Augen, lädt den Erzengel Gabriel ein und fragt sich: „Was will ich jetzt?". Ein Bild von warmem Wasser und Sauna taucht auf, mit dem Bild Wohlgefühl und Freude.

Erna Jederfau ist an diesem Sonntag mit ihrer Freundin in die Sauna gegangen, hat es sich gut gehen lassen und den Tag genossen. Die Woche begann gutgelaunt.

Hilfe auf dem Weg

„Man lernt nie aus", wie oft bekam ich diesen Satz zu hören. Und wie oft wünschte ich mir, all diese Schwierigkeiten, Probleme und Situationen, in denen ich etwas lernen sollte, würden endlich aufhören. Ich wußte, daß der Lebensweg ein Lern-, Entwicklungs- und Erfahrungsweg ist - aber es dauerte einige Zeit, bis ich wirklich verstand, was damit gemeint war.

Das Bild der Schule verdeutlicht es hervorragend: jeder Tag bringt neue Aufgaben. Es gibt keinen Stillstand, auch wenn es manchmal so aussieht. Jede Situation fordert etwas von uns. Das, was wir bereits gelernt haben, machen wir mit links und es fällt uns nicht mal mehr auf, daß wir die Aufgabe bewältigt haben: die täglich wiederkehrende Arbeit, die Reise, das Gespräch mit dem Nachbarn. Wie in der Schule, wenn wieder mal eine Addition erforderlich ist, die man seit dem ersten Schuljahr beherrscht. Aber es gibt auch schwierige Fächer und neue Aufgaben - und da spüre ich meine Probleme.

Die Karten dieses Sets helfen, die „Fächer und Lernaufgaben" leichter zu erkennen. Anders als in der Schule tragen die Situationen des Lebens keine Fachbezeichnung wie Mathematik. In einer Situation kann man viele Qualitäten erlernen und vertiefen: im Gespräch mit einer Autoritätsperson kann es zum Beispiel darum gehen, die eigenen Gefühle auszudrücken, sich nicht klein und wertlos zu fühlen und/oder die eigene Wahrheit zu vertreten. Mit Hilfe der Karten kann ich leichter herausfinden, um was es gerade geht, was gelernt und entfaltet werden soll/kann. Und natürlich, welche LichtWesen Essenz und geistigen Kräfte dabei unterstützen.

Die Karten beschreiben innere Qualitäten und Fähigkeiten. Solange etwas schwer fällt, sind die inneren Kräfte noch blockiert, noch nicht völlig entfaltet. Die Karten zeigen, welche Qualität wir im Moment, in einer Situation oder im Umgang mit einem Menschen brauchen, also entwickeln oder vertiefen wollen.

Die Karten und die LichtWesen Essenzen sind Wegbegleiter, Begleiter auf dem Weg zu uns selbst, zu unserem wahren Wesen, zu unseren Fähigkeiten und Möglichkeiten. Je mehr wir uns entfalten, desto deutlicher zeigt sich, was schon immer da war: unser bewußtes vollkommenes Sein.

Wie nutze ich dieses Kartenset?

Dieses Kartenset enthält insgesamt 55 Karten, aufgeteilt in

- 21 Aufgestiegene Meister bzw. Meisteressenzen,
- 9 Erzengel bzw. Erzengelessenzen
- 7 Erdengel bzw. Integrationsessenzen
- Melchizedek, Null, Ra, Elemente-Balance, Relax, Reise, Sterntaler, Jahresmischung, Indigo, Be Present
- und 6 Leerkarten.

Die Leerkarten können Sie unterschiedlich verwenden:

- als Karte für eine Wesenheit/Qualität, die nicht im Set vorhanden ist
- als Ergänzungskarten für neue LichtWesen Essenzen, die es zum Zeitpunkt des Kartendruckes noch nicht gab
- als Hinweis, daß die Fragestellung überprüft werden sollte
- als Hinweis, daß jetzt keine Essenz, kein Wesen erforderlich ist

Die Karten können Sie nutzen

- um sich selbst / eine Situation / ein Problem besser zu verstehen
- um zu erkennen, was in einer Situation oder Partnerschaft zu lernen ist
- um zu erkennen, welche innere Fähigkeit oder Qualität entfaltet werden soll/kann
- um zu sehen, welches geistige Wesen dabei hilfreich zur Seite steht
- um zu erfahren, welches geistige Wesen sie im Moment/ allgemein begleitet
- zur Klärung einer Frage
- zur Meditation
- zur Auswahl von LichtWesen Essenzen.

Außerdem öffnen sie die Tür zur eigenen inneren Weisheit, zu einer anderen Art von Verstehen und sie stärken den Kontakt zum Höheren Bewußtsein und zu den geistigen Wesen.

Die Auswahl

Die Frage

Die Karten dieses Sets sind energetisiert, d.h. sie tragen die Schwingung des jeweiligen Wesens. Wenn Sie eine Karte wählen, geht das eigene Energiesystem mit den Schwingungen der Karten in Resonanz. Durch einen Impuls Ihrer inneren Weisheit wählen Sie die passende Karte aus.

Die Fragestellung beeinflußt die Auswahl. Zur Frage: „Was ist mein momentaner Lernschritt" werden Sie wahrscheinlich eine andere Karte aufdecken als zu „Was ist die Qualität, die ich in den nächsten 7 Jahren entfalten will?". Oft macht es auch einen Unterschied, ob man fragt: „Welche Essenz/Wesenheit unterstützt mich?" oder „Welche Essenz/Wesenheit unterstützt mich **auf eine angenehme Weise?**" Früher glaubte ich, daß ich besonders viel geschafft hatte, wenn ich litt. Seitdem ich erkannt habe, daß es auf eine sanfte Weise oft (immer?) genauso schnell geht, seitdem frage ich nach der „angenehmen Weise".

Falls man spontan, ohne Frage, eine Karte zieht, zeigt die Karte das, was man im Moment braucht.

Oft taucht die Frage auf, weshalb bei gleicher Fragestellung unterschiedliche Karten/Wesen erscheinen, wenn man mehrmals hintereinander zieht. Dafür gibt es mehrere Ursachen und das hat meist mit der eigenen Einstellung zu tun. Wir haben es selbst erlebt und auch oft von anderen erfahren, daß sie vier mal hintereinander oder über Wochen verteilt zum gleichen Thema immer wieder die gleiche Karte gezogen haben. Aber gerade wenn man testen will, ob immer die gleiche Karte kommt, wirkt der eigene Zweifel bei der Auswahl mit. Das kann zu unterschiedlichen Ergebnissen führen. Außerdem kann dadurch, daß die Karte in die Hand genommen wurde und damit schon ein energetischer Impuls ins Energiesystem gelangt, eine Veränderung des inneren Zustandes eintreten und dem nächsten Schritt, der nächsten Karte die Tür öffnen.

Unsere Empfehlung ist, trotz Zweifel die Karte/Essenz zu wählen, die Sie nach der Einstimmung als erste gezogen haben.

Mögliche Fragestellungen:

- „Was unterstützt mich die nächste Zeit auf eine angenehme Weise?"
- „Was hilft mir in einer bestimmten Situation/Partnerschaft auf eine angenehme Weise?"
- „Was habe ich in einer bestimmten Situation/Partnerschaft/die nächste Zeit zu lernen, welche Fähigkeit ist zu entfalten?"

Sie können natürlich auch für andere Menschen Karten ziehen. Es ist ratsam, sich auf den Menschen einzustellen, z.b. indem Sie an ihn denken und dann die Frage zu stellen „Was unterstützt XY auf eine angenehme Weise?".

Karten ziehen

Vor dem Ziehen der Karte ist es hilfreich, sich noch einmal die Frage, die Situation bewußt zu machen. Es ist auch möglich, vor dem Ziehen die geistigen Wesen um klare und kraftvolle Unterstützung bei der Auswahl zu bitten. Halten Sie dann einen kurzen Moment inne und sammeln Sie sich.

Nun werden die Karten gemischt und mit der Rückseite nach oben liegend ausgebreitet. Denken Sie an Ihre Frage und wählen Sie anschließend eine oder mehrere Karten aus. Sie können ganz spontan wählen, mit offenen oder geschlossenen Augen, langsam mit der Hand über die Karten gehen oder auch ein Pendel nutzen. Manchmal scheint es, als ob eine Karte leuchten würde, manchmal fühlt man sich von einer Karte angezogen, manchmal spürt man nichts, sondern zieht einfach. Ihr höheres Selbst und Ihr Unterbewußtsein lenken ihre Hand. Der Verstand zweifelt vielleicht: „Es hätte doch auch eine andere Karte sein können?". Das ist normal. Ich habe mich daran gewöhnt.

Wenn Sie eine Karte aus einem bestimmten Bereich ziehen wollen, können Sie das Set in verschiedene Stapel aufteilen: in Meister, Erzengel, Erdengel und Besondere. Dazu besitzen die Karten auf der

Vorderseite unterschiedliche Farben und Symbole. Das Aufteilen in verschiedene Bereiche ist empfehlenswert, um sich eine LichtWesen Mischung zusammenzustellen (siehe Seite 25).

Die Bedeutung der Karte

Nachdem Sie eine oder mehrere Karten ausgewählt haben, können Sie die entsprechende LichtWesen Essenz anwenden bzw. sich daraus eine Mischung erstellen (siehe auch Seite 25).

Der Text zur Karte gibt einen Einblick in die Kraft der Wesenheit bzw. die Wirkung der LichtWesen Essenz. Außerdem hilft er, die Bedeutung besser zu verstehen. Dazu dienen auch die Fragen. Die Fragen sollen Ihren Blick auf das richten, was im Moment für Sie wichtig ist. Sie helfen zu verstehen. Dazu brauchen nicht alle Fragen beantwortet zu werden. Die Fragen, die am meisten berühren, treffen den Kern der Situation, des Themas. Wenn über diese Frage meditiert wird, können vielschichtige Erkenntnisse bewußt werden.

Ein Legesystem

– Der Schlüssel zum Ziel –

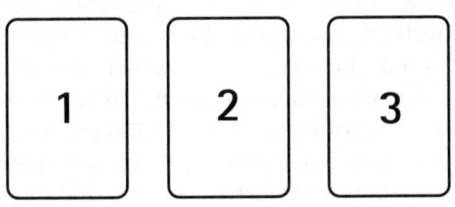

Die **erste Karte** zeigt das Thema, worum es geht, was hinter der Situation/Frage steht.

Die **zweite Karte** zeigt, welche Qualität hilft, das Ziel zu erreichen und welche geistige Wesenheit / welche Essenz zum Ziel begleitet.

Die **dritte Karte** zeigt das Ergebnis, die gewonnene Qualität, das, was sich entfaltet.

Blockaden lösen

Um die energetischen Blockaden zu lösen bzw. die eigenen Kräfte, Fähigkeiten und den Energiefluß zu stärken, empfiehlt es sich, die entsprechende LichtWesen Essenz anzuwenden (siehe auch Seite 19). Außerdem können Sie die geistige Wesenheit einladen und sie um Unterstützung bitten. Eine wundervolle Möglichkeit der Transformation ist, die Lasten, Blockaden oder überholte Denkmuster an das geistige Wesen abzugeben. Dies ist besonders kraftvoll, nachdem durch die Beantwortung der Fragen bisher Verborgenes bewußt geworden ist.

Was ist die geistige Welt, was sind geistige Wesenheiten?

Neben der materiellen Welt gibt es eine feinstoffliche Ebene: unser Körper besteht aus materiellem und feinstofflichem, energetischen Anteil, die Erde besitzt neben den materiellen Erscheinungen wie Gesteine, Pflanzen, Tiere ebenfalls ein Energiefeld mit Kraftlinien und Kraftplätzen. Und es gibt feinstoffliche Ebenen, in denen geistige Wesenheiten exisitieren, die keinen materiellen physischen Körper haben, sondern ausschließlich feinstoffliche Schwingung sind. Die bekanntesten sind die Engel.

Manche dieser Wesen begleiten den Menschen auf seinem Entwicklungsweg. Sie stehen ihm zur Seite (wie die Schutzengel) oder geben Impulse für die Entfaltung seiner inneren Qualitäten und Fähigkeiten. Sie unterstützen uns, Schwierigkeiten und Aufgaben zu meistern, bewußt zu leben und sich an das wahre Selbst, den göttlichen Funken, das eigene Wesen zu erinnern. Zu diesen helfenden Wesen gehören die Aufgestiegenen Meister, Engel, Erzengel und Erdengel. Obwohl sie keinen physischen Körper besitzen und daher für die meisten Menschen nicht sichtbar sind, kann ihre Wirkung und ihre Energie erlebt und gespürt werden.

Die in diesem Buch und Kartenset beschriebenen Wesenheiten unterstützen nicht nur einen Menschen, sondern stehen allen zur Seite, die ihre Hilfe erbitten. Und diese Hilfe geschieht in unterschiedlicher Weise: manchmal erlebt man eine direkte Veränderung des inneren Zustandes, manchmal ändert sich die Situation, man hat ein hilfreiches Gespräch oder man entdeckt ein „Werkzeug". Die LichtWesen Essenzen sind solche „Werkzeuge". Sie sind ein Geschenk aus der geistigen Welt, aus dem Bereich des Geistigen, der uns unterstützt, bewußt zu leben.

In den LichtWesen Essenzen ist die Schwingung dieser Wesen an Materie gebunden. Man könnte die Essenzen mit einer geladenen Batterie vergleichen, die Strom speichert und zur Verfügung stellt, den man sonst nicht transportieren oder lagern könnte.

Die LichtWesen Essenzen

LichtWesen Essenzen sind ein Werkzeug der Selbst-Erkenntnis, der Bewußtwerdung und der Selbst-Entfaltung. Sie sind ein Weg zur eigenen Meisterschaft, um das wahre Wesen zu erkennen und zu leben.

Sowohl die Essenzen als auch die Karten helfen auf dem Weg. Es fällt leichter, zu erkennen, was wichtig ist und was man wirklich will.

Die LichtWesen Essenzen wirken durch die Schwingung geistiger Wesen: die Schwingung von Erzengeln, Erdengeln und Aufgestiegenen Meistern. Diese geistigen Wesenheiten unterstützen den Menschen auf seinem Weg. Sie helfen, das eigene Wesen und den Lebensweg bewußt zu erkennen und Fähigkeiten zu entfalten. Gleiches bewirken auch die LichtWesen Essenzen, in denen die Schwingung dieser Wesenheiten an eine Trägersubstanz (meist Wasser und Alkohol) gebunden ist. Über diese Trägersubstanz wird die Energie an das feinstoffliche Energiesystem, den nicht-materiellen Bereich des Menschen weitergegeben. Auch Tiere und Pflanzen besitzen einen feinstofflichen Anteil und können die Energie der LichtWesen Essenzen nutzen. Ebenso läßt sich die Wirkung auf Räume und Plätze übertragen. Es stellt sich ein harmonischer Energiefluß ein. Man muß daher nicht an die Wirkung glauben. Die energetische Wirkung wurde über Aurafotos, Kirlianfotos, Gehirnwellenmessungen und mit anderen Methoden nachgewiesen.

Alle LichtWesen Essenzen dienen der Bewußtwerdung, der Selbst-Entfaltung und dem spirituellen Wachstum. Anstehende Schritte können leichter erkannt und gemacht werden. Die LichtWesen Essenzen lösen Blockaden und Störungen im Energiesystem, harmonisieren den Energiefluß und unterstützen die Entfaltung von Fähigkeiten, die wir in uns tragen. Das Gleichgewicht von Körper, Geist und Seele wird stabilisiert.

Außerdem wird die Verbindung zur inneren Weisheit und zu den geistigen Wesen gestärkt.

Oft wird berichtet, daß Kinder diese Essenzen lieben und ab einem entsprechenden Alter auch selbst danach fragen. Bei Kindern werden die Essenzen genau so verwendet wie bei Erwachsenen.

Die LichtWesen Essenzen können auch für Tiere und Pflanzen verwendet werden. Bei Tieren können Sie Öl oder Tinktur aufs Fell streichen, die Tinktur dem Trinkwasser zufügen oder aufsprühen. Für Pflanzen kann man einige Tropfen dem Gießwasser zufügen. Auf die Baum-Essenz reagieren die Pflanzen oft mit kräftigem Wuchs.

Die LichtWesen Essenzen können 3 geistigen Bereichen zugeordnet werden:

Die Erzengel-Essenzen - ERKENNEN

Die Erzengel-Essenzen erinnern uns an unser göttliches Sein, den göttlichen Funken in uns und lösen die Blockaden, die uns vergessen ließen. Eine ausführliche Beschreibung der Erzengel und Erzengel-Essenzen finden Sie im Buch „Engel begleiten uns" von Petra Schneider und Gerhard Pieroth (Windpferd Verlag, ISBN 3-89385-330-8)

Die Meisteressenzen - UMSETZEN

Sie helfen, unser wahres Sein im Alltag zu leben. Da die Aufgestiegenen Meister selbst auf der Erde gelebt haben, verstehen sie unsere Schwierigkeiten und Stolperfallen. Ausführliche Informationen zu den Eigenschaften der Aufgestiegenen Meister und der Meisteressenzen finden Sie in den Büchern „LichtWesen Meisteressenzen" (ISBN 3-89385-189-5) und „Hilfe aus der geistigen Welt" (ISBN 3-89385-318-9) von Petra Schneider und Gerhard Pieroth, beide erschienen im Windpferd Verlag. Im Buch „LichtWesen Meisteressenzen" finden Sie weitere Informationen zur Anwendung und eine Schritt-für-Schritt-Erklärung für eine Energieübertragung mit den LichtWesen Essenzen.

Die Integrationsessenzen - INTEGRIEREN

Die Essenzen der Erdengel unterstützen den Körper, sich an eine höhere Schwingung anzupassen und diese zu integrieren. Sie harmonisieren und stabilisieren die Verbindung zwischen feinstofflichem und physischem Körper und helfen, die mitgebrachten Fähigkeiten und Wesensmerkmale zu manifestieren. Die ausführliche Beschreibung der Erdengel und Integrationsessenzen finden Sie im Buch „Engel begleiten uns" von Petra Schneider und Gerhard Pieroth (Windpferd Verlag, ISBN 3-89385-330-8)

Die im Abschnitt „Besondere" beschriebenen Energien sind Mischungen aus oben erwähnten Energien (zum Beispiel Reise, Relax, Elemente-Balance) oder gehören einem anderen geistigen Bereich an wie zum Beispiel RA. Die Null ist eine Essenz, die ebenfalls außerhalb dieser drei Bereiche liegt. Ihre Energie stammt nicht von einer Wesenheit, sondern aus dem Zentrum des Seins, dem Alles, der Leere oder wie man diesen Bereich auch immer nennt.

Wie wähle ich die passende Essenz?

Es gibt keine falsche Essenz. Hinter jeder Essenz steht ein Thema. Wenn man mit diesem Thema kein Problem mehr hat, stabilisiert und verstärkt die Essenz unsere Fähigkeit. Neben dem gezielten Entfalten von Fähigkeiten können die Essenzen auch genutzt werden, um anstehende Aufgaben besser zu lernen. Und dann wählt man für dieses Thema (Situation, Krankheit, Verhaltensmuster) die passende Essenz, am besten über dieses Kartenset. Man kann allerdings auch mit anderen Testverfahren auswählen wie Pendel, Biotensor, Muskeltest aus der Kinesiologie, Elektroakupunktur nach Voll.

Wie werden die LichtWesen Essenzen angewendet?

Alle LichtWesen Essenzen gibt es als Tinktur (Wasser-Alkohol-Gemisch als Trägersubstanz) und als Energiekugel (synthetischer Kristall als Trägersubstanz). Die Erzengel- und Integrationsessenzen sind außerdem als Duftspray (Alkohol-Wassergemisch mit hochwertigen ätherischen Öle, auch als Naturparfüm zu verwenden), die Meisteressenzen auch als Öl (Mischung mehrerer Basisöle mit ätherischem Öl) erhältlich.

Von der Tinktur werden zweimal bis mehrmals täglich (je nach Bedarf) einige Tropfen auf Körperstellen aufgetragen, in die Mundhöhle gegeben, in die Aura gefächelt oder gesprüht.

Vom Öl trägt man morgens und abends (außer Nr. 10, diese nur vormittags) und wann immer Sie Bedarf haben einige Tropfen auf Körperstellen auf. Lassen Sie sich dabei von Ihrer Intuition leiten. Universelle Stellen sind: Puls am Handgelenk und Halswirbel. Beachten Sie, daß Öl Flecken auf der Kleidung erzeugen kann.

Die Energiekugel wird wie ein Schmuckstück getragen oder auf Körperstellen gelegt.

Weitere Anwendungsmöglichkeiten:

Zur Reinigung: Zur Reinigung der Aura, von Räumen und Edelsteinen dienen vor allem die Energien von Seraphis Bey und Erzengel Michael. Verreiben Sie einige Tropfen auf die Handflächen und lassen Sie die Energie von dort in die zu reinigenden Bereiche oder Gegenstände fließen. Die Tinktur können sie auch direkt oder in Wasser verdünnt sprühen. Die Energien von Seraphis Bey und Michael neutralisieren unangenehme, belastende Energien und insbesondere Edelsteine erhalten dadurch ihre Kraft zurück. Wir haben die Essenzen auch beim Streichen von Räumen unter die Farbe gerührt. Dadurch werden störende Energien, die in den Wänden haften, gelöst und die Räume sind klar und frisch. Dies hat sich besonders beim Renovieren bewährt.

Aufladen von Räumen: Die Essenzen können zum Aufladen von Räumen verwendet werden. Dazu verreibt man einige Tropfen auf die Handflächen und geht damit durch den Raum oder sprüht die Tinktur direkt in den Raum.

Baden: Am besten in Kombination mit einem Salzbad, denn Salz zieht belastende Energien aus der Aura. Nehmen Sie ein- bis zwei Handvoll Salz und träufeln einige Tropfen Tinktur, Duftspray oder Öl darüber. Streuen Sie dann das Salz ins Badewasser. Am besten ist Meer- oder Kristallsalz. Sie können auch Sahne oder Honig mit den Essenzen anreichern und ins Badewasser geben.

Parfüm: Die Duftsprays können wie Parfüm verwendet werden. Sie enthalten hochwertige ätherische Öle und reinen Alkohol. Sie sind ohne synthetische Konservierungsstoffe.

Wie stelle ich eine LichtWesen Mischung her?

Sie können persönliche Essenzenmischungen zu Themen, Situationen, Erkrankungen oder Wünschen aus den Tinkturen herstellen. Um die passenden Essenzen auszuwählen, nutzen Sie das Kartenset und eine Frage, zum Beispiel „Was unterstützt mich die nächste Zeit auf eine angenehme Weise?". Empfohlen ist, *eine* Erzengel-, *eine* Meister- und *eine* Integrationsessenz zu mischen, da diese unterschiedlichen Essenzengruppen auf unterschiedliche Ebenen des Körpers und des Energiesystems wirken. Es sind aber auch andere Kombinationen möglich. Manche Menschen geben dieser Mischung Blüten- oder Edelsteinessenzen hinzu und haben damit gute Erfahrungen gemacht.

Von jeder einzelnen Tinktur wird der gleicher Anteil in eine leere Flasche gegeben und einige Sekunden geschüttelt. Dadurch stimmt sich die Wirkung der einzelnen Essenzen aufeinander ab. Die Essenzenmischung wird wie eine normale Tinktur angewendet.

Eine besondere Idee ist, eine persönliche Geburtstagsmischung für sich selbst oder andere herzustellen. Darin sind die Essenzen enthalten, die im kommenden Lebensjahr unterstützen. Die Geburtstagsmischung könnte man als individuelle Jahresmischung bezeichnen. Während die Jahresmischung bei den Schritten unterstützt, die kollektiv in dem Jahr anstehen, beschäftigt sich die Geburtstagmischung mit den individuellen Themen. Es gibt sehr positive Erfahrungen und Rückmeldungen zu diesen Mischungen und sie sind ein ganz persönliches Geschenk.

Wirkung der LichtWesen Essenzen auf Körper und Gesundheit

Krankheit ist ein Signal. Der Körper will aufmerksam machen, daß etwas im Leben nicht stimmt, daß ein Lernschritt ansteht. Gleichzeitig zeigt die Krankheit auch den Weg, um „heil" zu werden, zeigt, was fehlt, um wieder vollständig zu werden. Die körperliche Störung ist verbunden mit einem blockierten oder disharmonischen Energiefluß. Energetische Störungen nimmt man auch als Störungen in Gefühlen und Wohlbefinden wahr.

LichtWesen Essenzen lösen energetische Blockaden, harmonisieren das Energiesystem, machen die anstehenden Lernschritte bewußt und unterstützen die geistige Entfaltung. Dadurch entfällt der Sinn der Krankheit. Die Energie beginnt wieder harmonisch zu fließen. Der Körper kann wieder gesunden. LichtWesen Essenzen wirken nicht wie Medikamente auf den physischen Körper. Man kann sie auch nicht symptombezogen auswählen und einsetzen, da unterschiedliche Lernschritte hinter gleichen Krankheiten stehen können.

Ein Beispiel: Der eine leidet unter Bluthochdruck, weil er Gefühle und Tränen unterdrückt und dies wie in einem Dampfkochtopf zu immer größerem inneren Druck führt. Der Lernschritt ist in diesem Fall, die Gefühle fließen zu lassen, Nr. 4 - Kwan Yin - Hingabe und Mitgefühl. Der andere ist sehr feinfühlig und hat Probleme sich abzugrenzen. Um weniger von anderen zu spüren, raucht er und legt sich durch übermäßiges Essen einen Fettpanzer an. Doch leider belastet dies Kreislauf und Leber, was zu Bluthochdruck führt. Ihn würde die Nr. 1 - Maha Chohan - Innere Weisheit unterstützen. Daher ist die Auswahl über Testverfahren oder Kartenset wichtig.

1. Innere Weisheit – MAHA CHOHAN

Kurzfassung:

- in der eigenen Mitte bleiben
- sich abgrenzen
- mitfühlen, ohne sich in Situationen oder in den Gefühlen anderer Menschen zu verlieren
- die Froschperspektive verlassen und von einer höheren Warte aus erkennen

Die Kraft des Aufgestiegenen Meisters MAHA CHOHAN

hilft, die Tür zur inneren Weisheit zu öffnen und innerlich einen Schritt zurückzutreten. Auch in schwierigen Situationen gelingt es, bei sich selbst zu bleiben und sich oder die Situation wie aus einer höheren Warte zu betrachten. Es fällt leichter, die Kraft aus innerer Weisheit und Intuition zu nutzen, insbesondere in spannungsgeladenen Situationen wie bei Streß, Überlastung, Geldmangel oder Beziehungskrisen. Erfahrungen, Wissen und Verhaltensweisen können in einen neuen Rahmen gestellt werden.

Diese Kraft hilft feinfühligen Menschen, die sich schnell auf andere oder Stimmungen in Räumen einstellen (Chamäleon-Effekt), sich nicht in anderen Menschen, Situationen oder Gefühlen zu verlieren, sondern in Kontakt mit sich selbst und mit den eigenen Wünschen, Bedürfnissen und Gefühlen zu bleiben. Sie unterstützt Therapeuten, Berater, Führungskräfte und hilft in jedem Gespräch, den Überblick zu behalten, dem roten Faden zu folgen und Zusammenhänge zu erkennen.

Fragen, um sich selbst und die Situation besser zu verstehen:

- Was ist mein Ziel / Wunsch in dieser Situation?
- In welcher Situation habe ich den Überblick verloren?
- Bei welchen Menschen fällt es mir schwer, bei mir zu bleiben?
- Wem habe ich die Verantwortung abgenommen, für wen löse ich Aufgaben und Herausforderungen, anstatt ihn zu begleiten und ihn daran wachsen zu lassen?
- In welcher Situation bin ich in Gefühlen, Vorstellungen oder Selbstbildern gefangen?

Zusätzliche Hinweise zur LichtWesen Essenz:

Die Essenz hilft, die Gabe der Feinfühligkeit zu stärken. Es gelingt leichter, sich in andere hineinzuversetzen bzw. zu spüren, was gerade los ist, und dabei gleichzeitig mit der inneren Weisheit und der notwendigen Distanz verbunden zu bleiben. Sie ist auch besonders hilfreich an Tagen oder in Situationen, in denen man sich vereinnahmt fühlt, die eigenen Gefühle unklar sind, die Weitsicht fehlt.

2. Innere Ruhe – LAO TSE

Kurzfassung:

- gelassen bleiben
- innere Ruhe und Frieden finden
- „Es ist, wie es ist"
- sich nicht über Geschehenes, Vergangenes, andere Menschen aufregen, sondern akzeptieren, was geschehen ist und erkennen, was man nun will
- im Moment sein, Meditation
- Urteile und Wertungen erkennen
- aus innerer Ruhe und Klarheit handeln

Die Kraft des Aufgestiegenen Meisters LAO TSE

bringt innere Gelassenheit, Entspannung und Ruhe. Statt sich über sich selbst, Vergangenes oder andere Menschen aufzuregen, statt sich um zukünftige Ereignisse Sorgen zu machen, entsteht innerer Frieden: „Es ist, wie es ist". Dadurch kann man aufmerksam und gelassen in der Gegenwart sein, klar erkennen, was man will, und die erforderlichen Schritte tun. Auch im Chaos wird es möglich, in der eigenen Klarheit und Kraft zu bleiben.

In Meditationen bringt diese Energie tiefe Ruhe, inneren Frieden, das Verschmelzen mit dem Sein.

2

Fragen, um sich selbst und die Situation besser zu verstehen:

- In welcher Situation ärgere ich mich, statt meine Kraft für das zu nutzen, was ich will?

- Welche Enttäuschung, Resignation, Hilflosigkeit halte ich fest, statt zu erkennen, was ich wirklich will, und dafür etwas zu tun?

- Was bringt mich aus der Ruhe und Gelassenheit?

- Welche Menschen oder Situationen verurteile ich?

Zusätzliche Hinweise zur LichtWesen Essenz:

Diese Essenz hat sich auch in Streß- und Prüfungssituationen, bei innerer Anspannung und Unruhe bewährt. Oft wurde berichtet, daß sie vor schwierigen Situationen, in denen man aufgeregt war, die innere Ruhe, Gelassenheit und Klarheit stärkte. Sie hat auch manchen Menschen bei Schlafstörungen geholfen.

3. Vertrauen – EL MORYA

Kurzfassung:

- Vertrauen zu sich selbst, in seine eigene Kraft, Stärke und Fähigkeiten
- Vertrauen in die Hilfe von außen
- Zuversicht und Urvertrauen
- sich von Ängsten befreien

Die Kraft des Aufgestiegenen Meisters EL MORYA

hilft, Selbstvertrauen, Vertrauen zur eigenen Kraft und Fähigkeit und in die Hilfe von außen aufzubauen. Das Vertrauen des Kindes, das neugierig die Welt entdeckt und wieder aufsteht, wenn es hingefallen ist, wird wieder belebt. Wer vertraut, ist in jeder Situation zuversichtlich, sieht Ereignisse realistisch und bleibt handlungsfähig.

Die Kraft von El Morya stärkt auch die eigene Intuition und damit die realistische Einschätzung, so daß man leichter erkennt, wem man vertrauen kann, welche Situation gefährlich ist, welche Entscheidung zu Schwierigkeiten führt, wann die eigene Angst eine berechtigte Warnung ist oder wann sie aus Unsicherheit, vergangenen Traumen oder schlechten Erfahrungen entsteht. Dann fällt es leichter, trotz Angst die erforderlichen Schritte zu gehen und Hilfe anzunehmen.

Durch Vertrauen entsteht Mut: Mut zu Neuem; Mut etwas auszuprobieren oder auszusprechen; Mut spielerisch und fröhlich zu sein, Gelerntes anzuwenden, auch wenn man es noch nicht perfekt beherrscht. In Beziehungen kann man sich besser einbringen.

Ängste und Traumen aus vergangener Zeit können heilen und das Urvertrauen wird gestärkt, so daß wir in der Überzeugung leben können, daß alles, was geschieht, zu unserem Besten ist, auch wenn es uns im Moment unangenehm oder schlecht erscheint.

3

Fragen, um sich selbst und die Situation besser zu verstehen:

- In welcher Situation lasse ich mich von meinen Ängsten abhalten, das zu tun, was ich tun will?

- Welche Ängste tauchen immer wieder auf? Sind sie berechtigt oder gibt es Situationen, in denen ich erlebt habe, daß das Befürchtete nicht immer eintritt?

- Was denke ich, was fühle ich, wenn ich einem anderem vertraue?

- Was brauche ich, damit ich jemandem vertraue?

- Vertraue ich Gott, der geistigen Welt, der Quelle allen Seins?

Zusätzliche Hinweise zur LichtWesen Essenz:

Besonders geeignet für Kinder. Manche Menschen können mit dieser Essenz tiefer und ruhiger schlafen.

4. Hingabe und Mitgefühl – KWAN YIN

Kurzfassung:

- loslassen
- sich auf das Leben und Veränderungen einlassen
- übermäßige Kontrolle aufgeben
- zurückgehaltene Tränen und Gefühle wieder fließen lassen
- emotionale Heilung
- Toleranz und Mitgefühl
- die weibliche Seite entfalten

Die Kraft der Aufgestiegenen Meisterin KWAN YIN

hilft loszulassen: überholte Gedankenmuster, übertriebene Kontrolle, unterdrückte Gefühle, körperliche Anspannung und Verkrampfung, gestaute Energie, verkrampftes Verhalten (daher auch unterstützend bei Trauer). Wir können uns einlassen und wieder mit dem Leben fließen, uns tragen lassen, ohne die eigene Kraft und Stärke aufzugeben. Wir leben im Einklang mit der göttlichen Ordnung. Es fällt leicht zu erkennen, wann man handeln und wann man einfach geschehen lassen soll.

Im asiatischen Bereich ist Kwan Yin die Meisterin des Mitgefühls und der Heilung. Ihre Kraft heilt, lehrt Toleranz und stärkt die weibliche, sanfte und dennoch kraftvolle Seite. Dadurch fällt es leichter, die eigenen Gefühle zu spüren und auszudrücken.

4

Fragen, um sich selbst und die Situation besser zu verstehen:

- In welcher Situation bin ich intolerant oder starr?
- In welchen Situationen sage ich „ich muß"?
- Was halte ich fest (Selbstbilder, Situationen, Ärger, Groll, Trauer, Tränen, Enttäuschung, Menschen, Gefühle)?
- In welchem Lebensbereich / welcher Situation bin ich starr, unzufrieden und festgefahren? Was hindert mich loszulassen?
- In welchen Körperbereichen befinden sich Verspannungen – was halte ich dort fest? Und was geschieht, wenn ich diese Anspannung loslasse?
- Unter welchen Bedingungen bin ich bereit, Kontrolle aufzugeben und dem Leben zu vertrauen?

Zusätzliche Hinweise zur LichtWesen Essenz:

Hat sich bewährt bei Lymphdrainage, Massage, „wenn man die Nase voll hat", bei Menstruationsbeschwerden (dann auf Bauch und oberhalb der Pofalte auftragen). Durch die Anwendung können verstärkt Tränen fließen (loslassen von festgehaltenen Tränen).

5. Wahrhaftigkeit – CHRISTUS

Kurzfassung:

- die eigene Wahrheit erkennen und leben
- in bedingungsloser Liebe sein
- Selbstfindung
- die eigene Autorität entfalten
- Führungsqualitäten entwickeln und zum Wohle aller einsetzen
- Vaterthemen heilen

Die Kraft von CHRISTUS

läßt uns erkennen, wie es möglich ist, in Wahrheit und bedingungsloser Liebe zu leben. Sie stärkt die eigene natürliche Autorität, die Ausdruckskraft und die fördernde Führungskraft, die das Wohl des Ganzen im Auge hat. Durch seine Kraft können wir auch die Last der Welt, die wir auf unsere Schultern ge-nommen haben, loslassen (Schulterverspannungen und Rücken-beschwerden) und uns von fremden Autoritäten befreien. Wir fühlen uns geborgen und geschützt.

Die Christuskraft macht bewußt, was wir unserem Vater und Gott/der Existenz vorwerfen. Sie hilft, die „Wunden des Herzens" zu heilen.

Fragen, um sich selbst und die Situation besser zu verstehen:

- In welcher Situation drücke ich meine Wahrheit nicht aus?
- Gibt es Menschen, denen gegenüber ich es nicht wage, meinen Standpunkt zu vertreten?
- In welcher Situation dränge ich anderen meine Ansichten, meinen Willen auf?
- Welche Last von anderen trage ich auf meinen Schultern?
- In welcher Situation fühle ich mich im Stich gelassen?
- Was werfe ich meinem Vater (Gott, der Existenz) vor?
- Was bedeutet für mich bedingungslose Liebe?

Zusätzliche Hinweise zur LichtWesen Essenz:

Die Essenz hat sich bewährt zu Selbstfindung, in der Pubertät. Wenn sie auf die Handchakren aufgetragen wird, kann sie den Fluß von Heilenergie verstärken. Oft auch hilfreich bei Schulterverspannungen, Rückenschmerzen oder Problemen im Lendenwirbelbereich, um zu erkennen, was hinter dem physischen Problem steht.

6. Selbstbewußtsein – DJWAL KHUL

Kurzfassung:

- Selbstvertrauen
- ruhiges, selbstbewußtes Auftreten
- erkennen, daß man sein Leben selbst in der Hand hat
- Durchhaltevermögen
- Zuversicht
- Selbstwert
- die Macht in Liebe leben
- stärkt die Aura

Die Kraft des Aufgestiegenen Meisters DJWAL KHUL

stärkt Selbstvertrauen, Selbstbewußtsein und die eigene Kraft. Der Mensch schwankt nicht mehr zwischen Opfersein („ich kann nichts tun, bin unterdrückt") und Tyrannsein („ich muß stärker sein, kämpfen, sonst bin ich Opfer"), sondern handelt aus der eigenen gelassenen Kraft und übernimmt die Verantwortung für sein Leben. Er tut, was er zu tun hat, aus der eigenen Mitte heraus, ohne das Gefühl, sich rechtfertigen oder verteidigen zu müssen.

Fragen, um sich selbst und die Situation besser zu verstehen:

- In welcher Situation fühle ich mich als Opfer oder machtlos?
- Welchem Menschen gegenüber fühle ich mich hilflos?
- Wem gegenüber glaube ich, mich rechtfertigen zu müssen?
- In welcher Situation glaube ich, daß ich keine Chance habe, und resigniere?
- Was würde ich gerne tun, traue mich aber nicht oder glaube, ich kann doch nichts erreichen?
- Was mache ich im Moment der Hilflosigkeit mit meiner Kraft?
- Vor welchen Herausforderungen drücke ich mich?
- Habe ich Angst vor meiner eigenen Stärke? In welchen Lebensbereichen äußert sie sich?

Zusätzliche Hinweise zur LichtWesen Essenz:

Da die Essenz Aura und Hara stärkt, hat sie sich bewährt bei Menschen, die häufig mit anderen Menschen in Kontakt sind (Pflegeberufe, Friseure, Therapeuten, Kosmetikerinnen, Heilberufe). Sie ist ebenfalls hilfreich für schüchterne oder ängstliche Kinder und Erwachsene.

7. Pole verbinden – SANAT KUMARA

Kurzfassung:

- gerne auf der Erde leben
- seine Fähigkeiten, sein Potential im Irdischen verwirklichen
- Pole verbinden
- Zugang zum höheren Bewußtsein
- sich mit der Kraft der Erde verbinden

Die Kraft des Aufgestiegenen Meisters SANAT KUMARA

ist wie eine Brücke. Sie verbindet kosmische und irdische Energie, höhere Bewußtseinsebenen und physischen Körper, den momentanen Standpunkt und das Ziel, weibliche und männliche Seite. Sie hilft zu erkennen, welche Fähigkeiten man mitbringt, entfalten will und wann man sich zurückhält oder sogar verweigert.

Menschen, die sich mit der irdischen Materie schwer tun, die lieber in himmlischen, feinstofflichen Ebenen wären, hilft er, sich zu verwurzeln und gerne auf der Erde zu sein, sich „häuslich einzurichten". Menschen, die „erdlastig" sind, verbindet er mit dem höheren Selbst und dem höheren Bewußtsein. So kann im Irdischen das Göttliche erkannt werden. Das Leben wird ein Tanz voller Freude über das Dasein.

Fragen, um sich selbst und die Situation besser zu verstehen:

- Welche zwei Pole gibt es zu verbinden (in mir, in der Situation, Ansichten)?
- Was will ich verwirklichen und wieviel Prozent meiner Kraft setze ich dafür ein?
- In welchen Situationen, bei welchen Menschen halte ich meine Kraft, Freude, Fähigkeiten zurück?
- Bin ich bereit, mich auf die Schönheit und Kraft von Erde und Natur einzulassen?
- Was brauche ich, um mich mit meinem göttlichen Anteil, meinem wahren Wesen zu verbinden?

Zusätzliche Hinweise zur LichtWesen Essenz:

Diese Essenz hilft auch Babys und Kindern, sich in ihrem Körper zu verwurzeln und mehr von ihrem Potential in den Körper zu bringen, auch schon während der Schwangerschaft.

8. Transformation – ANGELIKA

Kurzfassung:

- die Wunden der Vergangenheit heilen
- die Erfahrungen der Vergangenheit nutzen
- Transformation
- lernen

Die Kraft der Aufgestiegenen Meisterin ANGELIKA

heilt die Wunden der Vergangenheit: die schmerzhaften Erlebnisse, Traumen, verdrängte Erinnerungen. Dadurch wird die in diesen Erlebnissen verborgene Erfahrung, das, was damit gelernt werden sollte, bewußt und kann genutzt werden. Die Schätze vergangener Erfahrungen und das eigene Potential werden sichtbar. Dadurch können auch unangenehme und schmerzliche Erlebnisse der Gegenwart schneller transformiert und verstanden werden und sie brauchen sich nicht zu wiederholen.

Fragen, um sich selbst und die Situation besser zu verstehen:

- Was will ich in einer momentanen unangenehmen Situation lernen? Welche Erfahrungen der Vergangenheit sind mir dabei nützlich?

- Welche Erfahrung wiederholt sich in meinem Leben? Was will ich nicht sehen? Gegen welche Veränderung wehre ich mich?

- An welche Ereignisse der Vergangenheit mag ich mich nicht mehr erinnern? Wenn die damit verbunden schmerzlichen Gefühle geheilt sind, welche Erfahrung wird dann sichtbar?

- Gibt es Menschen, denen ich etwas sagen will, mit denen ich noch etwas klären will, mich bisher aber nicht getraut habe? (das kann auch in Gedanken geschehen oder in Form eines Briefes, der <u>nicht</u> abgeschickt wird, sondern hilft Situationen zu klären und loszulassen)

Zusätzliche Hinweise zur LichtWesen Essenz:

Sie hat sich auch bewährt bei Lernschwierigkeiten. Viele Menschen träumen nach der Anwendung sehr intensiv. Dieses Träumen ist eine Verarbeitung von Erlebnissen.

9. Visionen - ORION

Kurzfassung:

- Visionen für den eigenen Lebensweg
- Intuition
- Verbindung zum Höheren Selbst
- Klare Erkenntnis

Die Kraft von ORION

gibt uns die Klarheit zu erkennen: wo stehe ich, wo will ich hin, was sind die nächsten Schritte? Entscheidungen können dadurch leichter getroffen werden. So unterstützt er in Veränderungssituationen, und wenn man das Gefühl hat, daß sich etwas verändert, aber nicht weiß, was. Die Verbindung zu unseren Herzenswünschen, zu dem, was wir wirklich wollen, wird gestärkt. Diese Kraft verbindet uns auch mit unserem höheren Selbst und dem höheren Bewußtsein, so daß wir unser Leben leichter im Einklang mit dem Seelenplan leben.

Fragen, um sich selbst und die Situation besser zu verstehen:

- Für welches Projekt brauche ich Klarheit, Mut, Unterstützung?
- Was hilft mir, den nächsten Schritt zu tun?
- Was hindert mich, mein Ziel zu erreichen, welche inneren Einstellungen und Befürchtungen, welche äußeren Hindernisse? Was kann ich tun?
- Was gefällt mir an meiner momentanen Situation nicht? Was fehlt mir?
- Was ist mir in meinem Leben, in der momentanen Situation wichtig?
- Wenn alle Möglichkeiten, zwischen denen ich jetzt wählen kann, richtig wären, was würde ich wählen?
- Was ist mein größter Wunsch, mein Herzenswunsch?

Zusätzliche Hinweise zur LichtWesen Essenz:

Hat sich auch bewährt, wenn man sich „benebelt" fühlt, keinen klaren Gedanken fassen kann, bei Kopfdruck (dann die Essenz auf die Stirn auftragen). Bei Visionssuche die Essenz aufs dritte Auge (zwischen den Augenbrauen, oberhalb Nasenwurzel) auftragen. Bei Beginn von neuen Projekten oder Lebensabschnitten hat sich die Kombination von Angelika (8), Orion (9) und Kamakura (10) bewährt.

10. Tatkraft – KAMAKURA

Kurzfassung:

- zielgerichtetes Handeln
- Projekte und Aufgeschobenes beenden
- Wichtiges und Unwichtiges unterscheiden
- Visionen umsetzen
- Freude am Handeln
- Handeln im Zustand innerer Ruhe, aus dem „Nichthandeln"

Der Aufgestiegene Meister KAMAKURA

vermittelt die Kraft und Klarheit eines Samurai, der völlig zentriert und konzentriert, mit genau der richtigen Kraft und in der richtigen Geschwindigkeit sein Ziel trifft.

Kamakura gibt uns Kraft, gezielt zu handeln, das Anstehende zu tun. Statt sich zu verzetteln, wird genau das getan, was jetzt wichtig ist, mit einer inneren Ruhe und Gelassenheit. Die inneren Widerstände, die „wenn's und aber's", die uns bisher gehindert haben, verstummen, verlieren ihre Kraft. Dabei müssen es nicht immer wichtige Handlungen oder entscheidende Schritte sein, die wir aufgeschoben haben. Auch bei der Entscheidung, nun endlich aufzuräumen, die Wäsche zu bügeln oder die versprochene Besorgung zu machen, hilft Kamakura. Wenn man dann begonnen hat, geht die Arbeit schneller und leichter, als man erwartet hat, so, als hätten sich zusätzliche Kraftquellen geöffnet. Es entsteht Freude am Handeln und an Bewegung.

Wenn wir klare Visionen haben, wissen, was zu tun ist, gibt Kamakura die Kraft, anzufangen.

Fragen, um sich selbst und die Situation besser zu verstehen:

- Was schiebe ich vor mir her, was will ich erledigen?
- Was ist im Moment wichtig zu tun?
- Was will ich abschließen?
- Mit welchen Beschäftigungen verzettele ich mich?
- Was raubt mir Zeit, ohne daß es etwas bringt oder Freude macht?

Zusätzliche Hinweise zur LichtWesen Essenz:

Hat sich auch bewährt in Situationen, in denen man viel zu tun hat. Dann kann sie zusätzlich auf das dritte Auge oder die Stirn aufgetragen werden. Die Essenz ist energetisierend, kann daher zu Schlafstörungen führen, wenn sie vor dem Schlafengehen angewendet wird.

Die Essenz hilft auch bei Zeitumstellung, zum Beispiel bei Flugreisen; dann am Ankunftsort einen Tropfen der Essenz aufs dritte Auge auftragen.

11. Realitätssinn – KUTHUMI

Kurzfassung:

- sich im Körper wohlfühlen
- Realitätssinn
- Geduld
- Erdung
- Heiterkeit
- Wahrnehmung von feinstofflichen Energien

Die Kraft des Aufgestiegenen Meisters KUTHUMI

stärkt die Verbindung zwischen feinstofflichem und grobstofflichem Körper. Sie hilft, den eigenen Körper ganz einzunehmen. Dadurch fühlt man sich kraftvoll, geerdet, stabil, klar und wohl, „steht mit beiden Beinen auf dem Boden". Es fällt leicht zu erkennen, was dem Körper gut tut und was man lieber meiden sollte.

Kuthumi stärkt auch die Verbindung und Liebe zur Erde.

Seine Kraft hilft, weder zu pessimistisch noch zu optimistisch, sondern realistisch zu sein und Geduld zu haben.

Durch seine Energie fällt es leichter, die feinstoffliche Wirklichkeit hinter der grobstofflichen zu erkennen.

Fragen, um sich selbst und die Situation besser zu verstehen:

- Ist in meiner Situation jetzt der richtige Zeitpunkt zum handeln oder ist es noch zu früh?
- Fühle ich mich wohl im Körper? Was braucht mein Körper, damit ich mich darin wohl fühle?
- Wie kraftvoll atme ich ein? Atme ich bis in die Füße hinein? Spüre ich meine Füße, meine Wurzeln?
- Welche Situation, welchen Menschen sehe ich zu pessimistisch?
- Welche Situation, welchen Menschen sehe ich zu optimistisch?
- Bin ich bereit, mein feinstoffliches Sein im Körper zu verankern?

Zusätzliche Hinweise zur LichtWesen Essenz:

Wirkt besonders intensiv, wenn die Essenz auf die Fußsohlen aufgetragen wird (auch bei Kopfschmerzen, die durch einen Energiestau am Kronenchakra verursacht werden). Sie kann bei chronisch kalten Füßen und Händen helfen, ebenso wie die Mischung aus Kuthumi (11), Sanat Kumara (7) und Seraphis Bey (13) (z.B. weil man nicht ganz in seinem Körper ist).

12. Lebensgenuß – LADY NADA

Kurzfassung:

- sich angenommen fühlen
- sich selbst mit seinen Licht- und Schattenseiten annehmen
- den Körper annehmen
- das Leben mit allen Sinnen genießen

Die Kraft der Aufgestiegenen Meisterin LADY NADA

gibt uns das Gefühl, wieder angenommen und geborgen zu sein, wie in einen angenehmen warmen Mantel gehüllt zu werden. Sie hilft, sich im Körper wohlzufühlen und sich so zu akzeptieren, wie man ist, mit all dem, was man an sich ablehnt, und mit dem, was man an sich mag. Man fühlt sich wieder liebenswert und die Selbstliebe wird stärker. Dadurch kann man auch die Sinnlichkeit des Körpers stärker spüren und so auch das Leben intensiver genießen. Die Lebenslust wird größer. Der Körper wird zum Tempel der Seele.

Es fällt auch leichter, andere Menschen so anzunehmen, wie sie sind.

Fragen, um sich selbst und die Situation besser zu verstehen:

- Wie wichtig ist mir mein Körper?
- Was habe ich an meinem Körper auszusetzen?
- Was versuche ich vor anderen zu verstecken? Was würde sich verändern, wenn ich es akzeptiere?
- In welcher Situation fühle ich mich nicht angenommen?
- Von welchem Menschen fühle ich mich nicht angenommen?
- Wie kann ich das Wohlbefinden im Körper steigern (Massage, ein duftendes Bad, Sport, Musik)?
- Wie stehe ich zu meiner weiblichen Seite und den weiblichen Qualitäten?
- Gestatte ich es mir, mich zu verwöhnen?
- Habe ich meinen Körper, mein Aussehen vernachlässigt?
- Gibt es in mir Sätze, die Genuß und Lebenslust verurteilen?

Zusätzliche Hinweise zur LichtWesen Essenz:

Eine Anwenderin nannte die Essenz „die Essenz für das Wonneweib" (das natürlich auch im Mann steckt!). Diese Essenz ist besonders wohltuend in einem angenehmen Bad oder für eine Wohlfühlmassage.

13. Lebenskraft - SERAPHIS BEY

Kurzfassung:
- Lebenswille und Lebenskraft
- die körperliche Kraft annehmen
- die irdische Kraft annehmen
- die animalische Seite annehmen
- Reinigung
- Bewußtheit in die Materie bringen

Der Aufgestiegene Meister SERAPHIS BEY

hilft, die eigene Kraft anzunehmen, zu spüren und einzusetzen. Der Lebenswille und der Energiefluß des Körpers werden gestärkt. Dadurch steigt auch oft die Lust auf Bewegung und Sport, das Bedürfnis, den eigenen Körper zu trainieren und gesund und fit zu halten.

Seraphis Bey bringt Bewußtheit in die Materie, Licht ins Dunkel. Seine Kraft führt mitten hinein in die Materie. Dadurch können die Ängste vor der irdischen materiellen Welt, die Widerstände gegen Erfolg, Reichtum, Besitz, Status bewußt werden. Die Einstellung zur materiellen Welt kann sich verändern.

Fragen, um sich selbst und die Situation besser zu verstehen:

- Wie stehe ich zu körperlicher Kraft?
- Wodurch halte ich meinen Körper gesund, fit und kraftvoll?
- Bin ich so reich, so erfolgreich, so angesehen, wie ich sein möchte?
- Welche Vorbehalte habe ich gegen reich sein, Besitz, Geld, Verantwortung, Status, Erfolg?
- Welche Wertung habe ich zu „animalischer Lust"?
- Wie stark lasse ich mich auf das irdische Leben und die Kraft der Materie ein?
- Was hindert mich, meine Energie / meine Kraft zu 100% zu nutzen?

Zusätzliche Hinweise zur LichtWesen Essenz:

Eignet sich gut zur energetischen Reinigung der Aura und von Räumen (direkt sprühen oder in einer Sprühflasche mit Wasser verdünnen; einige Tropfen in den Zimmerbrunnen geben) und auch beim Renovieren (Essenz direkt in die Farbe geben, ca. eine Flasche auf einen 12 kg Farbeimer, klärt dann auch die Wände). Ebenfalls gut zur energetischen Reinigung von Edelsteinen und Schmuck (unverdünnt anwenden). Unterstützt Fastenkuren energetisch.

Die Essenz stärkt und harmonisiert den Energiefluß des ersten Chakras (Basischakra). Und sie stärkt die Verbindung zwischen physischem und feinstofflichem Körper.

Bei manchen Menschen hat die Essenz verhindert, daß sie nach intensivem Sport Muskelkater bekamen.

14. Mut zum nächsten Schritt - VICTORY

Kurzfassung:

- auf der Schwelle zum nächsten Lebensabschnitt
- gemachte Erfahrungen, Erkenntnisse und neue Schwingungsbereiche integrieren
- Durchbruch
- Energiebahnen, Chakren und Aurakörper harmonisieren

Die Kraft von VICTORY

harmonisiert und stabilisiert. Sie unterstützt, mutig und zuversichtlich ins Neue, in die Veränderung zu gehen. Dabei können die vergangenen Erfahrungen und Erkenntnisse, aber auch Fähigkeiten integriert und genutzt werden (so, wie zu Beginn eines neuen Schuljahres).

Victory harmonisiert Energiebahnen, Chakren und Aurakörper und stimmt sie aufeinander ab. Dadurch entsteht ein Einklang zwischen Körper, Geist und Seele.

Fragen, um sich selbst und die Situation besser zu verstehen:

- Vor welchem Abschnitt stehe ich?
- Gibt es eine Situation, eine Veränderung, mit der ich mich lieber nicht befassen möchte, vor der ich mich drücke, Angst habe? Was würde geschehen, wenn ich mutig hinein ginge?
- Welche Erfahrungen, welche Erkenntnisse der Vergangenheit helfen mir beim Anstehenden?
- Was brauche ich, um den nächsten Schritt zu tun?
- Sind Körper, Geist und Seele für mich gleich wichtig oder gibt es eine Überbetonung?
- Wie sieht für mich der mutige Sprung ins Neue aus?
- Bin ich bereit, das Alte abzuschließen und mich dem Neuen zuzuwenden?

Zusätzliche Hinweise zur LichtWesen Essenz:

Sie eignet sich gut zur Fuß- und Ohrmassage, besonders, wenn man sich abgespannt und müde fühlt. Da sie alle Aurakörper und Chakren harmonisiert und aufeinander abstimmt, ist sie gut geeignet nach energetischen Veränderungen (z.B. nach Reiki-Einweihungen, einem energetischen Seminar oder Energie-übertragung, aber auch nach Homöopathie-Behandlung). Sie wird daher auch gerne bei energetischer Körperarbeit eingesetzt.

Manche Anwender geben sie zur Harmonisierung auch ins Duschgel, zur „Aurahygiene".

15. Freiheit – SAINT GERMAIN

Kurzfassung:

- emotionale Verstrickungen erkennen und sich befreien
- Verhaltensmuster und Glaubenssätze durchschauen
- Karma lösen
- die freie Wahl haben

Die Kraft des Aufgestiegenen Meisters SAINT GERMAIN

befreit von dem, was uns hindert, frei zu sein: überholte Verhaltensmuster und Gedankenstrukturen, falsche Selbstbilder, karmische Verstrickungen, scheinbare Abhängigkeit, behindernde Glaubenssätze. Die emotionalen Verhaftungen werden transformiert. Er läßt uns erkennen, daß wir immer die freie Wahl haben und gleichgültig wie wir wählen, die Folgen zu tragen haben. Denn jede Entscheidung und „Nicht-Entscheidung" hat Folgen.

Wenn ich frei wähle, kann ich auch bei dem bleiben, was ist. Ich muß nicht etwas Neues wählen.

Saint Germain hilft uns, die Möglichkeiten und Konsequenzen zu erkennen. Dabei kann sich unser Blickwinkel ändern und wir können über die Verstrickungen und uns selbst lachen. Eine neue Sichtweise, tieferes Verständnis und andere Verhaltensweisen sind nun möglich. Man kann sich auf das Spiel des Lebens einlassen, ohne darin gefangen zu sein und unter dem eigenen Drama zu leiden.

Darüber hinaus gelingt es zu durchschauen, wie wir Leid erzeugen und unsere Dramen gestalten. Wir erkennen, daß in den Dramen des Lebens eine große Gefühlsintensität liegt, mit der wir uns spüren und lebendig fühlen. Vielleicht erschaffen wir sie deshalb immer wieder. Wenn wir frei sind, können wir zwischen Drama und Abenteuer wählen, falls wir Intensität wollen.

Fragen, um sich selbst und die Situation besser zu verstehen:

- In welcher Situation stehe ich vor einer Wahl?
- Von welchem Menschen fühle ich mich gefangen oder abhängig?
- Welche Dramen treten in meinem Leben immer wieder auf? Welche Verhaltensmuster, Vorstellungen oder Glaubenssätze sind dafür verantwortlich?
- In welcher Situation glaube ich, daß ich keine Wahl habe (ich würde gerne, aber ich kann nicht...)? Zwischen welchen Möglichkeiten kann ich wählen? Welche Folgen haben die unterschiedlichen Möglichkeiten? Welche Gefühle lösen sie aus?
- Welche Verpflichtungen und Zwänge scheinen mich einzuengen?
- Zwischen welchen inneren Sätzen fühle ich mich hin- und hergerissen?
- Bin ich bereit, das Leben und mich selbst mit neuen Augen zu betrachten?

Zusätzliche Hinweise zur LichtWesen Essenz:

Hat sich bewährt in Trennungssituationen.

16. Seinen Platz finden - HILARION

Kurzfassung:

- seinen Raum finden und seinen Platz einnehmen
- die eigene Größe und Einzigartigkeit annehmen
- Verbindung zum höheren Bewußtsein
- den übergeordneten Plan erkennen
- tiefe Meditation

Die Kraft des Aufgestiegenen Meisters HILARION

bringt uns in Einklang mit dem kosmischen Gesetz, der universellen Wahrheit. Wir erkennen unseren Platz, unseren Weg und unsere Aufgabe im kosmischen Plan und im irdischen Leben. Wir erhalten Einsichten in übergeordnete Gesetzmäßigkeiten.

Hilarion unterstützt auch Pioniere, die Neues auf die Erde bringen. Sie werden oft von ihrer Umgebung verlacht, abgelehnt oder ausgegrenzt. Es fällt ihnen durch die Hilarion-Energie leichter, den Weg zu gehen, wenn sie den Zusammenhang kennen.

In der Meditation mit Hilarion spüren wir den Einklang mit dem Sein. Gleichgültig ob wir uns am richtigen Platz fühlen oder unzufrieden sind, wir sind immer in der Liebe, immer Teil des Ganzen.

Fragen, um sich selbst und die Situation besser zu verstehen:

- Fühle ich mich an meinem Platz, in meiner Aufgabe wohl?
- Was fehlt mir, um mich im Einklang mit dem Sein zu fühlen?
- Was hindert mich, meine wahre Größe, meine Schönheit und Einzigartigkeit anzunehmen?
- Wohin ruft mich mein Herz?

Zusätzliche Hinweise zur LichtWesen Essenz:

Sehr empfehlenswert für tiefe Meditation.

17. Freude und Fülle – PALLAS ATHENE

Kurzfassung:

- Logik und Intuition verbinden
- kreativer Selbstausdruck
- Gefühle ausdrücken
- Heilung des inneren Kindes
- sich für die Fülle des Lebens öffnen

Die Aufgestiegenen Meisterin PALLAS ATHENE

verbindet Logik und Intuition, Denken und Gefühl, rechte und linke Gehirnhälfte, weiblich und männlich, Yin und Yang, Wissenschaft und Kunst. Sie hilft, innere Bilder und Gefühle so auszudrücken, daß andere Menschen sie verstehen. Dabei lösen sich auch die Blockaden, die bisher die schöpferische Kreativität behindert haben. Sie öffnet den inneren Reichtum, so daß wir die Fülle auch außen erkennen und genießen können.

Die Kraft von Pallas Athene heilt die schmerzlichen Erfahrungen der Kindheit, das innere Kind, so daß wir seine Kraft, seine Spontaneität, Freude und Kreativität wieder spüren. Dadurch können wir die Welt wieder offen, voller Staunen erleben, verspielt und voll Lebensfreude tanzen.

Fragen, um sich selbst und die Situation besser zu verstehen:

- In welchem Bereich möchte ich gerne kreativ sein?
- Was will ich ausdrücken, auf welche Weise würde ich es gerne ausdrücken?
- Welche Schönheit, welcher Reichtum eröffnet sich in meinem Leben? Welchen Reichtum besitze ich bereits?
- Wem gegenüber möchte ich meine Gefühle ehrlich ausdrücken?
- Wie ist meine Verbindung zum inneren Kind, zu meinem kindlich vergnügten und staunenden Anteil?

Zusätzliche Hinweise zur LichtWesen Essenz:

Hilft bei Lernschwierigkeiten, die auf assoziativem Denken beruhen. Unterstützt Künstler sich auszudrücken. Hat bei einer Anwenderin Koordinationsstörungen gelöst.

18. Innere Balance – LADY PORTIA

Kurzfassung:

- im inneren Gleichgewicht sein
- innerer Frieden
- Zufriedenheit
- sich entscheiden können
- die Spannung zwischen den Polen ertragen

Die Kraft der Aufgestiegenen Meisterin LADY PORTIA

hilft uns, immer wieder die innere Balance zu finden. So können wir auch in schwierigen Umständen im Gleichgewicht bleiben, gelassen und klar reagieren. Statt ständig hin und her zu schwanken, bleiben wir stabil. Wenn Ereignisse uns aus der Mitte werfen, finden wir schneller ein neues Gleichgewicht.

Lady Portia führt zu innerem Frieden und schließlich zu tiefer Zufriedenheit.

Fragen, um sich selbst und die Situation besser zu verstehen:

- Zwischen welchen Möglichkeiten kann ich mich nicht entscheiden? Was würde mir bei einer Entscheidung helfen?
- In welchen Bereichen / in welcher Situation lasse ich mich von anderen beeinflussen, statt meiner eigenen Intuition zu folgen?
- Was wirft mich aus der Bahn, aus der inneren Balance?
- Was geschieht, wenn ich meine Mitte verliere?
- Was hilft mir, wieder in die innere Mitte zu gelangen?
- Spiegelt mir jemand eine Eigenschaft, die ich an mir ablehne?
- Wie würde ich (in einer bestimmten Situation) handeln, wenn ich in der Mitte ruhen würde?
- Sind meine weibliche und männliche Seite ausgeglichen?

Zusätzliche Hinweise zur LichtWesen Essenz:

Wird gerne auf Ausstellungen/Messen angewendet, um in der eigenen Mitte stabil zu bleiben. Sie hilft daher auch in Entscheidungssituationen, wenn viele Meinungen aufeinander treffen oder wenn man von vielen unterschiedlichen Menschen beraten wird.

19. Charisma – HELION

Kurzfassung:

- sein Charisma leben
- Ausstrahlung
- Selbstliebe
- sonnengleiches Sein

Die Kraft von HELION

verbindet mit dem göttlichen Funken, dem strahlenden Licht in uns, mit dem eigenen Charisma. Er hilft, das wahre Sein in uns zu erkennen. Statt sein „Licht unter den Scheffel zu stellen" können wir unsere einzigartige Schönheit erkennen und sie ganz natürlich zeigen und leben. Die Masken fallen. Es entsteht eine selbstverständliche Autorität, umgeben von Wärme und Liebe.

Helion lehrt uns die bedingungslose Liebe zu unserem gesamten Sein. Wir fühlen uns im Einklang mit allem.

Fragen, um sich selbst und die Situation besser zu verstehen:

- Was würde in meiner Situation geschehen, wenn ich den „inneren Diamanten leuchten lassen" würde?
- Hinter welchen Lieblingsrollen verstecke ich mich?
- Was befürchte ich, wenn ich mich so zeige, wie ich bin?
- Welche Qualitäten, Fähigkeiten und positiven Eigenschaften versuche ich vor anderen (und mir selbst) zu verbergen?
- Wie würde ich sein, handeln, wenn ich mich selbst bedingungslos lieben würde?
- Was hindert mich, mich selbst bedingungslos anzunehmen?

Zusätzliche Hinweise zur LichtWesen Essenz:

Die Helion-Essenz unterstützt die Meditation, den Einklang mit dem Sein. Wir erhielten die Rückmeldung, daß Menschen sich nach Anwendung der Essenz trauten, öffentlich aufzutreten oder ganz selbstverständlich etwas zu tun, was sie sich bisher nicht getraut hatten.

20. Schöpferkraft - AEOLUS

Kurzfassung:

- den Schöpfer in sich erkennen
- Zusammenhang zwischen innerem Zustand und äußerem Geschehen
- Selbsterkenntnis
- vollkommene Bewußtheit

Die Kraft des Aufgestiegenen Meisters AEOLUS

läßt uns erkennen, daß wir den Schöpferfunken in uns tragen. Durch seine Kraft fällt es leichter, den kosmischen Plan zu erkennen und in Einklang damit und aus der Liebe heraus zu erschaffen. Unsere Schöpferkraft ist besonders kraftvoll, wenn sie im Einklang mit dem Ganzen genutzt wird.

Aeolus läßt auch die inneren Anteile, den inneren Dialog bewußt werden und führt so zur Selbsterkenntnis.

Durch die Kraft von Aeolus gelingt es zu erkennen, wie das Innen, wie Gedanken, Gefühle, Vorstellungen, Befürchtungen und Erwartungen mit dem, was außen geschieht, zusammenhängen. Wir werden bewußt.

Fragen, um sich selbst und die Situation besser zu verstehen:

- Welche inneren Gefühle, Erwartungen, Vorstellungen werden von der äußeren Situation gespiegelt?
- Wo übernehme ich nicht die Verantwortung für das, was geschieht?
- Was in meiner gegenwärtigen Situation wollte ich nicht? Gibt es dafür eine innere Entsprechung, die ich noch nicht entdeckt habe?
- Gibt es Situationen, in denen ich versuche, andere gegen ihren Willen zu beeinflussen?
- Vor welchen inneren Bereichen/Kräften fürchte ich mich?

Zusätzliche Hinweise zur LichtWesen Essenz:

Unterstützt Meditation, aber auch Mentaltraining und die Avatar-Technik.

21. Geborgenheit – MARIA

Kurzfassung:

- nährende, mütterliche Liebe
- sich genährt und geliebt fühlen
- für seine Bedürfnisse sorgen
- nehmen und geben
- „nein" sagen lernen
- erkennen, daß alles miteinander verbunden ist

Die Kraft von MARIA

verbindet uns mit der nährenden, mütterlichen Liebe. Sie heilt die Wunden des Herzens, das Sich-getrennt-fühlen, das Gefühl, verlassen zu sein. Dadurch schwingen wir mehr und mehr im Einklang mit dem Ganzen, erkennen, daß wir überall von dieser Liebe eingehüllt sind und finden sie auch in uns selbst. So löst sich die Illusion der Trennung auf. Wir fühlen uns geborgen, geschützt, geliebt, genährt, eins.

Maria läßt uns auch erkennen, wann wir uns verausgaben, nicht für uns sorgen, anderen mehr geben als uns selbst.

Fragen, um sich selbst und die Situation besser zu verstehen:

- Gibt es Menschen / Situationen, in denen ich „nein" sagen möchte, es aber noch nicht getan habe?

- In welcher Situation gebe ich mehr, als ich will und kann?

- Wie kann ich mich nähren, was tut mir gut?

- In welcher Situation fühle ich mich allein gelassen?

- Welches Geschenk lehne ich ab? Was befürchte ich, wenn ich es annehme?

- Was sind meine (momentanen) Bedürfnisse?

- Habe ich Angst vor Nähe?

- Wie verhalte ich mich in Situationen, in den ich Hilfe brauche, bedürftig bin?

Zusätzliche Hinweise zur LichtWesen Essenz:

Die Essenz wird gerne von Kindern genommen, wenn sie sich alleine fühlen oder die Mutter weggeht.

Auf Nacken, Halswirbel oder Bauch aufgetragen, kann mit der Essenz das Thema „dominante Mutter" transformiert werden.

Einige Anwender haben uns von der positiven Wirkung bei Hauterkrankungen berichtet.

Eignet sich gut für Meditation und die Erfahrung des Eins-Seins.

22. Visionen manifestieren – URIEL

Kurzfassung:

- Visionen manifestieren
- den Schöpferplan und die eigene Schöpferkraft erkennen
- Tatkraft und Entschlußkraft
- Struktur finden; Heilung durch geordnete Strukturen
- auf die Weisheit des Körpers hören
- erkennen, was der Körper braucht

Die Kraft des Erzengels URIEL

hilft, Visionen im Einklang mit dem Ganzen zu manifestieren. Als Hüter von Ordnung und Materie lehrt er, die materielle Welt zu meistern und sich wieder an die göttliche Ordnung anzuschließen. So entsteht auch Bewußtheit im Alltäglichen.

Uriel ist der Hüter des physischen Körpers und bringt Körper, Geist und Seele in Einklang. Er stärkt die Fähigkeit, auf die Weisheit des Körpers zu hören, und stärkt die Verbindung zwischen grob- und feinstofflichem Körper. Seine Kraft läßt uns auch erkennen, was der Körper (als Manifestation des Geistes) braucht, um in einen natürlichen kraftvollen gesunden Zustand zu gelangen. Seine Kraft stärkt Lebensfreude, Selbstvertrauen und Fröhlichkeit.

Fragen, um sich selbst und die Situation besser zu verstehen:

- Welche Vision möchte ich verwirklichen? Welche Glaubenssätze, Vorstellungen, Befürchtungen hindern mich? Was brauche ich?
- Wie zeigt mein Körper mir den anstehenden Lernschritt?
- In welcher Situation hilft mir Struktur zum Erfolg?
- Was brauche ich, um auch die materiellen Strukturen wie Geld, Besitz, Körper als Ausdruck des Göttlichen zu sehen?
- Bin ich bereit, den Blick auf den göttlichen Funken zu richten, der allem innewohnt?

Zusätzliche Hinweise zur LichtWesen Essenz:

Die Essenz hat sich auch bewährt nach schwer verträglichem Essen, wenn die Nahrung schwer im Magen liegt, und bei Völlegefühl. Auch in Streßsituationen und bei Erkältungen wurden mit der Essenz positive Erfahrungen gemacht.

23. Sich aufrichten – HANIEL

Kurzfassung:

- Erkenntnis
- die eigene Größe erkennen und leben
- Illusionen durchschauen
- Bewußtheit in den Alltag integrieren
- gelassene Stille

Der Erzengel HANIEL

gibt Kraft und Mut, sich in die eigene Größe aufzurichten, sich an das wahre Sein zu erinnern und es zu leben. Wie eine verdurstete Blume, die frisches Wasser bekommt, richtet man sich wie von selbst auf. Es fällt dann leicht, die Situation und die vorher gemachten Illusionen zu durchschauen.

Letztlich gelingt es auch, die Illusion der Trennung, der Dualität zu durchschauen.

Fragen, um sich selbst und die Situation besser zu verstehen:

- Wie würde ich mich fühlen, wenn ich in meiner wahren Größe bin? Wie würde ich dann handeln (in der konkreten Situation)?
- In welcher Situation traue ich mir den Erfolg nicht zu?
- In welchem Lebensbereich / in welcher Situation mache ich mich klein?
- Mit welchen Beschränkungen und Vorstellungen halte ich mich klein?
- Welche Fähigkeiten und Qualitäten verstecke ich (vor mir)?

Zusätzliche Hinweise zur LichtWesen Essenz:

Hat sich bewährt in Situationen, in denen man gelassene Kraft und Klarheit braucht.

24. Leichtigkeit – CHAMUEL

Kurzfassung:

- Harmonie
- Ballast abwerfen
- Schwingungserhöhung
- Kreativität
- Partnerschaft

Der Erzengel CHAMUEL

erinnert uns an Leichtigkeit und Beschwingtheit. Er hebt unsere Schwingung und führt uns aus jedem Verhaftetsein. Wir werden leichter, können den Alltag mit mehr Freude sehen und leben. Er bringt Frieden und Vertrauen.

Um leichter zu werden, müssen wir Ballast abwerfen. So wird mit seiner Kraft auch bewußt und gelöst, was unser Leben belastet: das, was wir anderen nachtragen, uns selbst nicht verzeihen, Enttäuschungen, Verhaltensmuster, an denen wir festhalten.

Chamuel ist auch der Erzengel für Kreativität, Schönheit und Partnerschaft.

Fragen, um sich selbst und die Situation besser zu verstehen:

- In welcher Situation mache ich es mir gerade schwer?
- In welcher Situation bin ich wie gefangen in Schwere, in Ängsten, Sorgen, Trauer?
- An welchen vergangenen Situationen halte ich fest, was trage ich jemand anderem noch immer nach?
- Welches Ereignis belastet meine Partnerschaft?
- Wann fühle ich mich in einer Liebesbeziehung erfüllt?
- Was habe ich mir selbst noch nicht verziehen?

24

- Was erfüllt mich mit Freude? Welche Tätigkeit, welches Hobby, welcher Platz, welcher Mensch, welche Musik?
- Gibt es eine künstlerische Tätigkeit, die ich mehr entfalten möchte?

Zusätzliche Hinweise zur LichtWesen Essenz:

Die Essenz kann auch in Räumen eingesetzt werden, zur Vorbereitung von klärenden Gesprächen, wenn es in einem Gespräch um schwierige Themen oder Lösungen geht oder wenn die Gesprächspartner mehr Harmonie möchten.

Anwender berichten, daß sie sich leicht, beschwingt und transformiert fühlten. Bei manchen wurde auch die Kreativität insbesondere für Musik gefördert bzw. sie haben Musik anders wahrgenommen.

25. Kraft und Schutz – MICHAEL

Kurzfassung:

- Kraft
- Struktur
- Klarheit
- Schutz
- Klärung und Reinigung

Der Erzengel MICHAEL

trägt das Flammenschwert der Klarheit, von Kraft und Mut, das Schwert der Liebe. Er trennt, was nicht (mehr) zu unserem wahren Sein gehört und befreit uns dadurch. So weckt er in uns die eigene Kraft und Klarheit, hilft uns, mutig und strukturiert den Weg zu gehen. Wenn wir uns von allem befreien, was nicht unserer Wahrheit und unserem Wesen entspricht, dann entdecken wir mehr und mehr unser wahres Sein.

Der Erzengel Michael bringt außerdem Schutz.

Fragen, um sich selbst und die Situation besser zu verstehen:

- Welche Ängste habe ich in dieser Situation?
- Was ist meine größte Angst?
- Was würde ich in der momentanen Situation tun, wenn ich mich kraftvoll und beschützt fühlen würde?
- Wie stehe ich zu Wut? Drücke ich meine Wut, meinen Ärger aus?
- In welchem Bereich brauche ich Klärung / Reinigung?
- Was unterstützt oder fördert meine Klarheit?

Zusätzliche Hinweise zur LichtWesen Essenz:

Sie ist hervorragend geeignet zur energetischen Reinigung der Aura, von Räumen, von Situationen. Folgende Reinigungsmischung hat sich bewährt: Michael, Seraphis Bey und Pallas Athene (siehe auch Mischungen).

Michael-Essenz stärkt die Aura. Anwender berichten, daß diese LichtWesen Essenz gegen Alpträume auch bei Kindern geholfen hat. Sie fühlen sich geschützt.

26. Hoffnung – GABRIEL

Kurzfassung:

- Veränderung
- Freude
- Hoffnung
- Wünsche und Erwartungen erkennen

Der Erzengel GABRIEL

ist der Engel der Verkündigung. In dieser Funktion taucht er mehrmals in der Bibel auf. Verkündigung bedeutet, daß sich etwas gravierend verändert. Und Gabriel sagt: „Freue Dich" - was nicht unsere übliche Reaktion ist. Daher bringt Gabriel mit der Botschaft der Veränderung, mit dem „laß das Alte los und wende dich dem Neuen zu", auch Freude, Klarheit und die Kraft, die wir für das Neue brauchen. So können wir genau erkennen, was wir wollen und was zu tun ist.

Gabriel hilft, den nächsten Abschnitt auf dem Lebensweg und das Lebensziel klar zu erkennen. Dabei werden auch die hindernden Ängste, unerfüllte Sehnsüchte und Lebenseinstellungen bewußt.

Fragen, um sich selbst und die Situation besser zu verstehen:

- Welche Veränderung steht in meinem Leben an? Was befürchte ich?
- Gibt es eine Situation, in der ich hoffnungslos bin?
- Gibt es eine Situation, in der ich mich festgefahren habe?
- Welche Sehnsucht liegt tief in mir? Glaube ich, daß sie sich jemals erfüllt?
- Was erlaube ich mir nicht, wessen bin ich nicht wert?
- Was sind die „eingefahrenen Gleise" in meinem Leben? Welche möchte ich nicht mehr wiederholen?
- Welcher Wunsch ist mir gerade wichtig?

Zusätzliche Hinweise zur LichtWesen Essenz:

Die Essenz hilft zu erkennen, was man wirklich will und von welcher Sehnsucht man glaube, daß sie sich nie erfüllt. Dann wird klar, was genau man vermißt oder sich nicht eingesteht. Auch alte Wünsche, die schon erfüllt oder überholt sind, aber immer noch nicht losgelassen wurden, werden deutlich.

Sie hilft zusammen mit Chamuel auch in Partnerschaften zu erkennen, welche Wünsche und Sehnsüchte noch unerfüllt oder unausgesprochen sind und zu erkennen, was zu tun ist, um sie zu erfüllen.

27. Heilung – RAPHAEL

Kurzfassung:

- Heilung auf allen Ebenen
- Stärkung und Erneuerung
- Transformation der Vergangenheit
- Geborgenheit

Der Erzengel RAPHAEL

ist der Engel der Heilung. Er hilft in allen Situationen, in denen „etwas nicht in Ordnung ist": bei unangenehmen Gefühlen und körperlichen Krankheiten genauso wie bei „kranken" Situationen. zum Beispiel im Geschäftsleben. Durch seine heilende Kraft, die Liebe, entsteht wieder Harmonie und Einklang mit dem Ganzen. So kann auch bewußt werden, was zur Unordnung geführt hat, woran man noch festhält und ob man bereit ist für eine Veränderung.

Die Liebe des Erzengels Raphael heilt auch den Trennungs-schmerz. So führt er uns letztlich wieder zurück ins Einssein.

Fragen, um sich selbst und die Situation besser zu verstehen:

- Was will ich heilen?
- Gibt es eine Krankheit in meinem Körper? Welcher spirituelle Lernschritt ist damit verbunden?
- Gibt es Situationen in meinem Leben, die nicht „gesund" sind?
- Gibt es Situationen in der Vergangenheit, an die ich mich in letzter Zeit häufiger erinnert habe und mit denen ich noch nicht versöhnt bin?
- Will ich mich selbst bedingungslos annehmen, mit allen Schwächen und Stärken? Was brauche ich dafür?

Zusätzliche Hinweise zur LichtWesen Essenz:

Die Essenz kann die Heilkraft von Therapeuten und Heilern verstärken.

Sie heilt auch „emontionale Wunden des Herzens".

28. Integration – JOPHIEL

Kurzfassung:

- Integration von Seinsanteilen und Fähigkeiten
- Zugang zu unterschiedlichen Anteilen und Dimensionen
- Klarheit

Die Kraft des Erzengels JOPHIEL

verbindet die höchsten Bewußtseinsbereiche mit dem Irdischen. Unterschiedliche Fähigkeiten und eigene Bewußtseins- und Seinsanteile werden integriert. Er hilft bei Selbstzweifeln, in Situationen, in denen die Verbindung zur inneren Gewißheit und Stärke abreißt, in denen man sich nicht zugehörig fühlt.

Fragen, um sich selbst und die Situation besser zu verstehen:

- Welche Fähigkeit brauche ich im Moment, möchte ich im Moment integrieren?
- Was klammere ich in meinem Leben aus?
- Welche „nie wieder werde ich ..." gibt es in meinem Leben? Stimmen sie noch?

Zusätzliche Hinweise zur LichtWesen Essenz:

Die Essenz hat sich bewährt, wenn man im Körper eine Spannung spürt, sich zerrissen oder wie ein Gummiband auseinandergezogen fühlt. Sie ist auch in Phasen von Schwingungserhöhung hilfreich.

29. Aufblühen – ZADKIEL

Kurzfassung:

- Vollkommenheit
- Weisheit
- Wissen
- sich an die Energie des Göttlichen anschließen

Die Kraft des Erzengels ZADKIEL

läßt uns „rund" und ausgeglichen werden. Während Jophiel unterschiedliche Seinsanteile integriert, hilft Zadkiel diese umzusetzen, ins Leben, in den Alltag zu bringen. Schließlich erkennen wir, was es bedeutet, unser wahres Sein, den göttlichen Funken im Alltag zu leben. Wir erkennen das Eine, das Göttliche auf der Erde. Gesetzmäßigkeiten werden leichter erkannt.

Fragen, um sich selbst und die Situation besser zu verstehen:

- Welche Erkenntnis will ich umsetzen?
- Was fehlt mir, um meine Fähigkeiten, mein Potential zu leben?
- Welcher Schritt, welche Herausforderung steht an? Was brauche ich, um sie zu bewältigen?
- Was bedeutet in meiner Situation „Erfüllung"?

Zusätzliche Hinweise zur LichtWesen Essenz:

Empfehlenswert für Meditation, bringt Stille und Klarheit.

30. Vollkommene Liebe und Bewußtheit – METATRON

Kurzfassung:

- allumfassende Liebe
- vollkommenes Bewußtsein
- Stille
- die eigene Göttlichkeit annehmen

Der Erzengel METATRON

ist der Hüter der Schwelle zwischen den Formen und Nicht-Formen. Er bringt in die Form, was in der Leere oder im Alles ist. Ebenso löst er auf. Uns Menschen begleitet er bis zur höchsten Schwingung in der Form, öffnet Bewußtseinstore, erinnert an den göttlichen Funken in uns und stärkt ihn. Wir berühren die Einheit. Es kann sich tiefe Stille, Zufriedenheit, Glückseligkeit einstellen.

Die Kraft von Metraon kann uns helfen, klare Gedanken zu fassen, Ideen und Möglichkeiten zu erkennen. Er öffnet den Blick für's Wesentliche.

Fragen, um sich selbst und die Situation besser zu verstehen:

- Wie sehe ich die Situation, wenn ich mich in den Raum jenseits meiner Urteile und Gefühle begebe?
- Welche geheimen Wünsche halte ich im Verborgenen?
- Wenn ich nur noch einen Wunsch hätte, welcher wäre es? Was hindert mich, daß er sich erfüllt?
- Was bedeutet für mich „eins sein"?

Zusätzliche Hinweise zur LichtWesen Essenz:

Menschen, die leicht „abheben", sollten auf Erdung achten, darauf, mit dem Körper verbunden zu bleiben.

Manche Menschen finden eine solch tiefe Stille in sich, daß sie das Bedürfnis haben, zu schweigen oder für sich allein zu sein.

31. Beständigkeit – KRISTALL

Kurzfassung:

- feinstoffliche Lebensenergie besser aufnehmen und in den Körper integrieren
- höherschwingende Bewußtseinanteile in den Körper integrieren
- kristalline Strukturen im Körper klären
- stabile Struktur

Die Kraft des Erdengels KRISTALL

klärt kristalline Strukturen. Der Erdengel Kristall löst Belastungen, schmerzhafte Erfahrungen, Traumen und Schocks, die im Körper eingelagert sind. Dadurch kann die feinstoffliche Lebensenergie besser aufgenommen werden. Er hilft die feinstoffliche Schwingung und Bewußtseinsanteile in den Körper zu integrieren. Der feinstoffliche Energiekörper wird mit dem physischen Körper verbunden, wodurch auch der Körper stabiler wird.

Der Erdengel Kristall ermöglicht, eine dauerhafte stabile Ordnung zu schaffen.

Fragen, um sich selbst und die Situation besser zu verstehen:

- In welcher Situation brauche ich Klarheit und Struktur?
- Welcher Bereich meines Körpers ist zu starr, zu unbeweglich?
- In welchem Bereich meines Lebens brauche ich Ordnung oder eine neue Ordnung?

31

Zusätzliche Hinweise zur LichtWesen Essenz:

Anwender berichten, daß die LichtWesen Essenz Kristall hilfreich ist bei klärender, regulierender Körperarbeit wie Rolfing, Cranio-Sakral-Therapie, Rebalancing, Massage.

Die Essenz hat sich auch bewährt, um Menschen zurückzuholen, die aus dem Körper ausgetreten sind.

Sie hilft in Phasen von Schwingungserhöhung. Der Körper kann sich schneller an die höhere Energie anpassen, wodurch Spannungs- oder Zerrissenheitsgefühl sowie Dissonanzen zwischen fein- und grobstofflichem Körper gelindert werden.

Ideal zur Reinigung von Edelsteinen und Kristallen, bringt sie wieder in ihrer eigene Kraft und Schwingung.

32. Wachstum – BAUM

Kurzfassung:

- kosmische und irdische Energie in Einklang bringen
- Erdung
- Stabilität
- Harmonisierung

Der Erdengel BAUM

hilft, geerdet und gleichzeitig mit höheren Bewußtseinsebenen verbunden zu sein. Er harmonisiert den Fluß der irdischen und kosmischen Energie im Körper. Dadurch können wir in jeder Situation aufrecht und stabil sein, erkennen, was wir brauchen um uns wohl zu fühlen, zu wachsen und genährt zu sein (auch für den Körper). Wir fühlen uns lebendig, kraftvoll und halten den Stürmen des Lebens besser stand.

Fragen, um sich selbst und die Situation besser zu verstehen:

- Gibt es eine Situation in meinem Leben, in der Standhaftigkeit gefragt ist?
- Wie ist meine Verbindung zur Erdenergie, wie sehen meine Wurzeln aus?
- Wie ist meine Verbindung zur kosmischen Energie, wie sehen meine Antennen aus?
- Bin ich im Moment bereit, harmonisch mit Himmel und Erde verbunden zu sein? Gibt es im Moment auf einer Seite ein Übergewicht?

Zusätzliche Hinweise zur LichtWesen Essenz:

Der Energiehaushalt des Körpers kann verbessert werden, so daß kalte Hände und Füße warm werden.

Auch für Pflanzen ist diese Essenz wertvoll, um zu wachsen und kräftig zu werden - einige Tropfen ins Gießwasser geben. Einige Anwender berichteten, daß Schnittblumen länger halten.

33. Lebensfreude – SONNE

Kurzfassung:

- das innere Licht leuchten lassen
- Freude und Heiterkeit
- Überfluß

Die Kraft des Erdengels SONNE

läßt die innere Sonne leuchten. Freude und Heiterkeit werden gestärkt. Selbst an trüben Tagen fällt es leichter, fröhlich und guter Stimmung zu sein. Sie läßt uns erkennen, wie heiter das Leben sein kann.

Der Erdengel Sonne klärt und bringt Licht in die Zellen, stärkt den göttlichen Funken in uns und hilft, daß er sich ausbreitet und sichtbar wird. So wird bis in jede Zelle hinein bewußt, daß wir Teil des Göttlichen sind, daß wir Spiegel der göttlichen Kraft und Schönheit sind.

Fragen, um sich selbst und die Situation besser zu verstehen:

- In welchen Situationen halte ich mich zurück?
- Vor welchen Menschen verstecke ich mein Licht, meine Schönheit, meine Fröhlichkeit, mein Sein?
- Erlaube ich mir zu wissen, daß ich Teil des Göttlichen bin?

Zusätzliche Hinweise zur LichtWesen Essenz:

Wird oft an trüben Tagen verwendet, ebenso bei November-Depression. Hilft, den Tag freudig-sonnig zu beginnen und leichter aus dem Bett zu kommen.

34. Ausdauer – ERDE

Kurzfassung:

- Beständigkeit
- Geduld
- Konzentration
- genährt sein

Die Kraft des Erdengels ERDE

nährt uns, gibt Halt und Struktur. Gleichzeitig verbindet sie uns mit der nährenden Energie der Erde.

Der Erdengel Erde lehrt uns Beständigkeit, Ausdauer, Gelassenheit und Geduld. Er hilft uns zu erkennen, ob wir Veränderungen wirklich wollen und wann der richtige Zeitpunkt fürs Handeln ist.

Fragen, um sich selbst und die Situation besser zu verstehen:

- In welcher Situation brauche ich gerade Ausdauer und vielleicht auch Zähigkeit?
- Wie ist meine Verbindung zur Erde?
- Was vermisse ich im irdischen Leben?
- Bin ich bereit, die Geschenke der Erde anzunehmen?

Zusätzliche Hinweise zur LichtWesen Essenz:

Hilft in Situationen, in denen man Erdung braucht oder am irdischen Leben verzweifelt.

35. Lebenswille – FEUER

Kurzfassung:

- Lebenskraft
- Lebenswille
- Lebendigkeit
- Willensstärke
- Begeisterung
- Ekstase

Die Kraft des Erdengels FEUER

stärkt Lebenskraft, Lebenswille, Begeisterung und Lebensfreude. So wie das Feuer transformiert sie Altes, Begrenzendes und hilft, sich auszudehnen. Wir erhalten Mut und Kraft, dauerhafte Veränderungen herbeizuführen und Grenzen zu überschreiten.

Fragen, um sich selbst und die Situation besser zu verstehen:

- In welcher Situation halte ich meine Lebenskraft zurück, brauche ich mehr Schwung?
- In welcher Situation lasse ich mich von scheinbaren Grenzen aufhalten?
- Zeige ich spontane Begeisterung und Ekstase?
- An was halte ich krampfhaft fest, was kostet mich Kraft?

Zusätzliche Hinweise zur LichtWesen Essenz:

Einige Therapeuten berichten, daß die Essenz bei Krankheit den Lebenswillen und die Lebenskraft stärkt. Besonders bei chronischen Erkrankungen wurde durch diese Essenz wieder etwas in Bewegung gebracht.

Wenn man in einer Situation unzufrieden ist, „Wut im Bauch" hat, kann die Feuer-Essenz eine explosionsartige Entladung bewirken, die feuriger ausfällt, als man gewohnt ist.

36. Beweglichkeit – WASSER

Kurzfassung:

- fließen
- sich nicht verlieren
- das Ziel erreichen
- Gefühle
- im Moment sein
- Ausdauer

Die Kraft des Erdengels WASSER

hilft uns, mit dem Leben zu fließen. So wie Wasser finden wir den leichtesten Weg, um ans Ziel zu gelangen. Wir finden den Weg und erreichen das Ziel, auch wenn wir noch nicht wissen, wie das Ziel aussieht.

Der Erdengel Wasser hilft, daß wir uns den unterschiedlichen Situationen anpassen und uns einfügen können, ohne uns zu verlieren. Wir können im Moment sein und mit dem, was gerade geschieht, einverstanden sein.

Angestaute Gefühle können wieder ins Fließen kommen. Der Engel schenkt uns Ausdauer im Umgang mit Widerständen und Blockaden.

Fragen, um sich selbst und die Situation besser zu verstehen:

- In welchem Bereich meines Körpers ist ein Stau, emotional, energetisch oder als Gewebeflüssigkeit?
- In welcher Situation fällt es mir schwer mich einzufügen?
- Welche Gefühle halte ich fest?
- In welchen Situationen, Körperbereichen bin ich angespannt, verkrampft, habe Angst, die Kontrolle zu verlieren?

Zusätzliche Hinweise zur LichtWesen Essenz:

Einige Anwender verwenden die Essenz zur energetischen Verbesserung der Wasserqualität. Sie geben einige Tropfen ins Trinkwasser oder binden eine Flasche Wasser-Essenz an die Wasserleitung. Schwimmbadbesitzer berichteten, daß sich auch die Qualität des Wassers im Becken verbessert hat und sie weniger Chemikalien brauchten, nachdem sie eine Flasche Wasser-Essenz im Becken angebracht hatten.

37. Gedankenkraft und Kommunikation – LUFT

Kurzfassung:

- Beweglichkeit
- Veränderung
- Leichtigkeit
- Austausch
- Kommunikation
- Gedankenkraft

Die Kraft des Erdengels LUFT

ist leicht, beweglich, schnell veränderlich. Sie hilft uns, im Moment zu sein, zu erkennen, was im Moment gebraucht wird und das Vergangene loszulassen. Wir können jeden Moment genießen, so wie er ist.

Der Erzengel Luft stärkt die Gedankenkraft, sowohl das logische Denken wie die Intuition. Ebenso verhilft er zu klarer Kommunikation.

Fragen, um sich selbst und die Situation besser zu verstehen:

- Was erfordert der Moment und was hindert mich, das zu tun?
- In welcher Situation brauche ich klare Gedanken, Erkenntnis?
- An welcher Situation, welchem Gefühl, welchen Gedanken halte ich fest?
- In welcher Situation ist eine gute Intuition gefragt?

Zusätzliche Hinweise zur LichtWesen Essenz:

Die Essenz wird oft angewendet, um klare Gedanken und eine klare Kommunikation zu ermöglichen, auch bei Telefonaten. Sie erhöht die Auffassungsgabe und Spontaneität. Ebenso hilft sie in Situationen, in denen man sich bewölkt oder benebelt fühlt.

38. Innere und äußere Balance - ELEMENTE-BALANCE

Kurzfassung:

- ausgeglichen sein
- innerer Frieden
- Elementekräfte in der Aura und in Räumen harmonisieren
- die Energie in der Aura oder in Räumen ausgleichen

Die Kraft der ELEMENTE-BALANCE

bringt die Elementekräfte in Ausgleich. Man ist in der eigenen Mitte, in sich stabil und gleichzeitig mit „Himmel und Erde" verbunden.

Fragen, um sich selbst und die Situation besser zu verstehen:

- In welcher Situation bin ich aus dem Gleichgewicht geraten?
- Was brauche ich im Moment: mehr Durchsetzungskraft und Begeisterung (Feuer), mehr Beständigkeit und Geduld (Erde), mehr Klarheit und Spontaneität (Luft), mehr Beweglichkeit und Gefühl (Wasser)?

Zusätzliche Hinweise zur LichtWesen Essenz:

Die Elemente-Balance ist eine Mischung aus den Essenzen Feuer, Wasser, Erde, Luft und Baum. Da sie neben dem Energie-system auch Räume und Plätze harmonisiert, kann sie zur Verbesserung der Energie in Räumen eingesetzt werden (Feng Shui-Essenz). Dazu wird die Essenz direkt oder mit Wasser verdünnt täglich, wöchentlich oder nach Bedarf in den Raum gesprüht. Auch einige Tropfen im Zimmerbrunnen fördern eine aus-geglichene Energie im Raum.

Wenn sie in die Aura gesprüht wurde, half die Essenz sich bei belastender Strahlung oder nach PC- oder Fernsehstrahlung zu regenerieren.

Oft hilft die Essenz auch, wenn man sich „verstimmt" fühlt. Dann ebenfalls in die Aura sprühen.

Sie wirkt auch wohltuend und harmonisierend als Badezusatz oder beim Duschen (im Duschgel).

Sie hat sich auch bewährt in Besprechungen und Konferenzen, harmonisiert die Energien der Teilnehmer und fördert konstruktive Zusammenarbeit.

39. Im Hier und Jetzt sein - REISE

Kurzfassung:

- wach und klar sein
- präsent sein
- Verbindung zwischen Aura und Körper stärken

Die REISE-Essenz

stärkt die Verbindung zwischen physischem und feinstofflichem Körper und stabilisiert die Aura. Dadurch kann man in Situationen, in denen man „neben sich steht" oder „nicht ganz da ist", wieder in den Körper kommen, präsent und wach sein.

Fragen, um sich selbst und die Situation besser zu verstehen:

- In welcher Situation fällt es mir schwer, präsent zu sein, völlig da zu sein?
- Gibt es Situationen, in denen ich mich lieber in Träume begebe, als in der Realität zu sein?

Zusätzliche Hinweise zur LichtWesen Essenz:

Die Reise-Essenz ist eine Mischung aus Uriel, Baum und Seraphis Bey. Sie hilft oft gegen Jet-lag: dazu die Essenz vor Beginn der Reise, alle zwei Stunden während der Fahrt und nach der Ankunft in die Aura und auf Füße und Kopf sprühen.

Jet-lag tritt nicht nur bei Reisen mit dem Flugzeug auf, sondern auch auf langen Reisen mit Auto und Bahn und bei hohen Geschwindigkeiten. Aura und Körper sind dann nicht mehr stabil verbunden.

Sie hilft auch, um morgens aufzuwachen und nach Meditationen oder inneren Reisen wieder wach und präsent zu sein.

40. Kraft in Krisensituationen – RELAX

Kurzfassung:

- Hilfe in Krisensituationen und bei energetischen Schockzuständen
- bringt wieder in die stabile Mitte, zu sich selbst, in den Moment

RELAX

hilft in Krisensituationen und bei energetischen Schockzuständen, wie zum Beispiel bei traumatischen Erlebnissen oder Verletzungen wieder in die eigene Mitte und Kraft zu kommen, den Schock zu überwinden.

Fragen, um sich selbst und die Situation besser zu verstehen:

- Welches Ereignis hat mich aus der Mitte geworfen?
- Atme ich bis in die Füße hinein?
- Wo liegt mein Körperschwerpunkt im Moment?
- Was kann ich tun, um mich zu regenerieren?

Zusätzliche Hinweise zur LichtWesen Essenz:

Eine Anwenderin meinte, die Essenz müßte eigentlich „be present" heißen, da sie augenblicklich in die bewußte Aufmerksamkeit, den Moment und zu sich selbst bringt.

Die Essenz wird von Therapeuten gerne in Sitzungen oder Seminaren verwendet, vor allem bei starken emotionalen Belastungen.

Mütter verwenden die Essenz bei Kindern (zum Beispiel aufs Kronenchakra auftragen), wenn diese außer sich sind, sich verletzt oder erschrocken haben. Sie hat sich auch bewährt, wenn die Kinder gleichzeitig müde und so überdreht sind, daß sie nicht einschlafen wollen.

Von der Relax-Essenz wird auch berichtet, daß sie bei körperlicher (Über)Anstrengung hilft, sich schneller zu regenerieren und Muskelkater zu vermeiden.

Zahlreiche Rückmeldungen erhielten wir auch, daß Relax das Jucken nach Mückenstichen mindert und auch nach Bienen- und Wespenstichen das Abschwellen fördert.

Relax ist eine Mischung aus den fünf Meisteressenzen Angelika (8), Orion (9), Seraphis Bey (13), Lady Portia (18) und Maria (21). Die Lady Portia-Energie bringt uns wieder in die stabile Mitte, aus der wir in einer Krise herausgefallen sind. Die Seraphis Bey-Energie stärkt das erste Chakra, den Energiefluß und damit den Lebenswillen und die Lebenskraft. Angelika transformiert die mit der Situation verbundenen alten Erlebnisse, die Orion-Energie läßt erkennen, was das Geschehen zu bedeuten hat, während die Kraft von Maria nährt und heilt.

41. Wohlstand – STERNTALER

Kurzfassung:

- Muster und Denkstrukturen zu Reich-Sein, Wohlstand, Fülle und Geld bewußt erkennen
- sich mit der göttlichen Fülle und Liebe verbinden
- Heilung des Getrennt-Sein-Schmerzes und der Mangelerfahrungen
- geborgen und genährt sein
- Liebe zur Erde und zur Materie
- Geschenke annehmen

STERNTALER

hilft, die Blockaden und Einstellungen zum Thema Wohlstand, Reich-Sein und Erfolg zu erkennen und zu lösen. Als göttliches Wesen hat der Mensch Anteil an der Fülle und dem Reichtum des Seins. Durch die Erfahrung von Mangel und Trennung versperren wir jedoch oft diese Verbindung. Auch Glaubenssätze wie „ich bin es nicht wert", „materieller Erfolg bindet mich an Materie", „wer spirituell ist, muß arm sein" oder ähnliche stehen oft dem Wohlstand und der Verbindung mit dem unendlichen Reichtum des Seins im Wege.

Die Sterntaler-Energie hilft auch, Geschenke zu erkennen und anzunehmen. Sie stärkt die Liebe zur Materie und zur Erde.

Letzlich führt diese Kraft zu dem, was man verwirklichen will, was man wirklich tun will, zum Herzenswunsch.

Fragen, um sich selbst und die Situation besser zu verstehen:

- Was ist für mich der Unterschied zwischen Wohlstand und finanziellem Reichtum?
- Welche Ansichten oder innere Sätze hindern mich, im Wohlstand zu leben?
- Wenn ich mir vorstelle, daß mehr goldene Taler vom Himmel in meinen Schoß fallen, als ich brauche, was löst das in mir aus?

Zusätzliche Hinweise zur LichtWesen Essenz:

Die Essenz enthält die Kraft von Michael, Melchizedek, Baum und einigen Wohlstandsengeln.

Arbeiten Sie mit positiven Sätzen und Affirmationen zu den Themen „Reichtum, Wohlstand, Geld, Besitz". Eine Möglichkeit ist die Schreibmeditation: Sie wählen einen positiven Satz, zum Beispiel: „es steht mir zu, viel Geld zu besitzen und in Luxus und Reichtum zu leben" (je mehr Bauchschmerzen Sie mit dem Satz haben, desto mehr Blockaden werden bewußt). Dann schreiben Sie zuerst den Satz auf, atmen tief ein und schreiben anschließend zwei Minuten lang (nicht länger) alles, was Ihnen in den Sinn kommt, ohne nachzudenken, einfach hinschreiben. Sie müssen nicht leserlich schreiben oder ausformulieren, es können auch einfach nur Striche oder Linien sein. Falls nichts mehr kommt, die zwei Minuten aber noch nicht vorbei sind, schreiben Sie erneut den positiven Satz.

Nach zwei Minuten wenden Sie die Essenz an oder laden Sie die Sterntaler-Energie ein, atmen einige Male tief ein und bitten darum, daß sich die Blockaden transformieren und die darin enthaltene Kraft zu Ihnen zurückfließt. „Baden" Sie dann in angenehmen Bildern von Wohlstand und Wohlgefühl. Sie können den Zettel verbrennen. Diese Übung sollte häufiger wiederholt werden.

42. JAHRESMISCHUNG –
die Energien des Jahres integrieren

Kurzfassung:
- das Jahresthema bearbeiten
- die Chancen und unterstützenden Kräfte des Jahres nutzen

Die Jahresmischung

Hilft, die Themen des Jahres zu meistern. Jedes Jahr hat neben den individuellen Herausforderungen und Wachstumsschritten auch kollektive Themen, das heißt Aufgaben, die jeden Mensch betreffen.

Fragen, um sich selbst und die Situation besser zu verstehen:

- Welche Qualitäten brauche ich in meiner aktuellen Situation, die gleichzeitig auch Jahresthema sind?

Zusätzliche Hinweise zur LichtWesen Essenz:

Oft hilft die Jahresmischung als Vorbereitung und Einstimmung auf das nächste Jahr. An den „heiligen Tagen" zwischen Weihnachten und Drei-Könige (6. Januar) bereitet sie kraftvoll auf das Kommende vor.

Oft wurde berichtet, daß bei Schwierigkeiten nach Anwendung der Essenz erkannt wurde, daß die eigenen Herausforderungen mit den Themen der Jahresmischung identisch waren.

Die Essenz entsteht im November des Vorjahres. Laut Maya-Kalender überlagern sich die Energien des alten und neuen Jahres zwischen November des Vorjahres und Jahresmitte (an der das neue Maya-Jahr beginnt).

43. Einklang mit der Welt und sich selbst – MELCHIZEDEK

Kurzfassung:

- Spiritualität und Alltag in Einklang bringen
- sich aufrichten in königliche Würde und Kraft
- das unvergängliche Selbst erkennen und leben
- Verbindung und Einklang zwischen Körper, Geist und Seele stärken

Die Kraft von MELCHIZEDEK

unterstützt, mit königlicher Kraft und Würde klar und geradlinig zu entscheiden und zu handeln. So gelingt es immer mehr, das immerwährende Selbst zu erkennen und bewußt zu leben. Diese Energie hilft auch, die Verantwortung für die materielle Welt und unser Leben zu übernehmen und die Liebe zur Materie zu entfalten.

Melchizedek wird auch „König des Friedens und der Gerechtigkeit" genannt. So hilft er, die universelle Wahrheit zu erkennen und inneren Frieden zu finden.

Fragen, um sich selbst und die Situation besser zu verstehen:

- In welcher Situation mache ich mich klein, halte ich mich zurück?
- Was bedeutet es für mich, in königlicher Würde zu leben? Wie fühle ich mich dann? Wie handle ich?
- Wie fühle ich mich, wenn ich mich gerade und aufrecht hinstelle, so, als hätte ich eine Krone auf dem Kopf?

Zusätzliche Hinweise zur LichtWesen Essenz:

Die Energie von Melchizedek ist sehr kraftvoll: daher ist es ratsam, sich bewußt für seine Unterstützung zu entscheiden und die Essenz bewußt anzuwenden. Denn er wirkt auch weiter, wenn wir unsere Bitte oder die Essenz vielleicht schon wieder vergessen haben.

Oft wird berichtet, daß mit dieser Essenz eine geradlinige Kraft erwachte, mit der auch schwierige Situationen mühelos und mit einem Lächeln gemeistert wurden. Manche Menschen hatten das Gefühl, „vorwärts geschoben zu werden".

44. Das Göttliche integrieren – RA

Kurzfassung:

- sich mit der höchsten Bewußtheit der Materie und der Erde verbinden
- die erdverbundenen transpersonalen Chakren integrieren, die sich unterhalb der Füße befinden
- das Göttliche in den Körper integrieren
- bewußt in der Materie sein
- Liebe zum Körper, zur Erde, zur Materie

Die Kraft von RA

repräsentiert das höchste Bewußtsein der Erde, den Einheitszustand, den paradiesischen Zustand in der Materie. Sie bringt Geist und Bewußtheit in Materie. Dadurch können Bewußtheit und Bewußtsein stärker in der Materie verankert werden, das Göttliche kann sich in den Körper integrieren. Irdische Herausforderungen und körperliche Belange können besser erkannt und gemeistert werden. Die Ra-Kraft stärkt auch die Liebe zu Körper, Umwelt und Materie.

Ra (auch Re) wurde in Ägypten als Sonnengott verehrt. Er repräsentierte die ursprünglichste, kosmische, kreative Kraft, das Prinzip der Schöpfung.

Fragen, um sich selbst und die Situation besser zu verstehen:

- Welche Widerstände habe ich gegen die Materie, dagegen, mich völlig auf die Erde einzulassen?
- Welche unangenehmen Erfahrungen oder Widerstände verhindern, daß ich meine ganze Bewußtheit im Körper entfalte?

Zusätzliche Hinweise zur LichtWesen Essenz:

Die Ra-Essenz ist sehr kraftvoll. Sie sollten daher bewußt entscheiden, ob Sie sich jetzt auf diese Kraft einlassen wollen.

Die Energie kann auch subtil wirken. Manche Menschen spürten zunächst nichts, bemerkten dann aber kraftvolle Taten und Veränderungen.

45. Im Einklang mit dem Ursprung - NULL

Kurzfassung:

- den eigenen Wesenskern erkennen
- Stille und Ruhe
- eintauchen in die Unendlichkeit, die Leere, das Alles

Die NULL-Energie

stammt nicht von einem Engel, Aufgestiegenen Meister oder einer anderen Wesenheit; sondern aus dem Zentrum des Seins, der Leere, dem Alles, ... Sie aktiviert das eigene Seinszentrum, die eigene Mitte. Daher sind die Erlebnisse mit dieser Energie sehr individuell.

Fragen, um sich selbst und die Situation besser zu verstehen:

- Was hilft mir, mich besser mit dem Kern meines Seins, dem wahren Selbst, meinem wirklichen Wesen zu verbinden?

Zusätzliche Hinweise zur LichtWesen Essenz:

In diese Energie sollten Sie nur eintauchen, wenn Sie in einem psychisch stabilen Zustand sind. Da diese Kraft in die Unendlichkeit, das Allumfassende führt, die manchmal als dunkel oder schwarz wahrgenommen wird, kann sie Ängste hervorrufen. Besonders für Menschen, die nicht gewohnt sind zu meditieren, in die Stille einzutauchen, kann diese Energie schwierig sein.

46. Im Einklang mit dem Lebensplan – INDIGO

Kurzfassung:

- das eigene Wesen, Fähigkeiten und Gaben erkennen und leben
- gelassen bleiben
- die Kraft der inneren Ruhe spüren
- sich selbst und Situationen aus unterschiedlichen Blickwinkeln betrachten
- seinen Platz finden

Die INDIGO-Essenz

unterstützt vor allem Kinder und besondere Erwachsene, mit den eigenen Gaben, dem Lebensplan und den unterstützenden geistigen Kräften in Kontakt zu bleiben. Jeder Mensch bringt Fähigkeiten und Talente mit, die er entfalten will. Manchmal ist jedoch der Kontrast zwischen den Begabungen und dem Umfeld so stark, daß es zu inneren Spannungen, Unruhe und Desorientierung kommt. Die Indigo-Energie harmonisiert das Energiesystem und stärkt die Verbindung zum Ursprung und zur Lebensenergie.

Fragen, um sich selbst und die Situation besser zu verstehen:

- In welcher Situation spüre ich eine Spannung zwischen dem Umfeld und dem, was ich realisieren will?
- Was möchte ich verwirklichen?
- Was bedeutet für mich „erfüllt leben"?

Zusätzliche Hinweise zur LichtWesen Essenz:

Die Indigo-Essenz enthält die Energien von Lao Tse, Hilarion, Saint Germain, Helion, Metatron, Baum und dem Ursprung, die in dieser Essenz auf eine sanfte, dem Menschen individuell angepaßte Weise wirken. Würde man die einzelnen Essenzen mischen, wäre die Wirkung anders.

Anwender berichten, daß ihre Kinder durch die Essenz ausgeglichener wurden, ruhiger schliefen und stabiler in der eigenen Mitte blieben. Erwachsene fühlten sich kraftvoller, gelassener, „mehr bei sich".

Einige Anwender sagten: „Ich habe mich noch nie so zu Hause in mir gefühlt."

47. Präsent sein – BE PRESENT

Kurzfassung:

- Im Hier und Jetzt präsent sein
- Aufgaben mit zielgerichteter Klarheit und kraftvoller Ruhe bewältigen
- Das „Selbst" im Körper erkennen und leben

Die Energie von BE PRESENT

unterstützt, im gegenwärtigen Augenblick im Körper ganz präsent und bewusst zu sein. Es fällt leichter, sich auf das Hier und Jetzt auszurichten und die volle Aufmerksamkeit auf den Moment zu lenken. Grübelei und Sorgen hören auf, Stress und Anspannung fallen weg, blockierende Vorstellungen, Konzepte und Einschränkungen lösen sich. Die Umgebung und der eigene Zustand können klarer wahrgenommen werden. Die zu bewältigenden Aufgaben werden im Einklang mit dem Selbst aus einer kraftvollen Zentriertheit heraus getan.

Durch die Kraft des BE PRESENT fällt es leichter, die allumfassende Präsenz des Selbst in sich zu erkennen und auszudrücken. Der formlose, der feinstoffliche und der materielle Aspekt des Lebens kommen in Einklang. Aus dem Einklang entstehen Präsenz und Selbst-Bewusstheit. Der Körper wird als ein einzigartiger Ausdruck des einen Bewusstseins erkannt.

Fragen, um sich selbst und die eigene Situation besser zu verstehen:

- Was will ich gerade nicht sehen, nicht erkennen?
- Auf welche Weise verhindere ich, bewusst im gegenwärtigen Augenblick und Geschehen zu sein?
- Auf welche Weise will sich das eine Bewusstsein, das Göttliche ausdrücken?
- Was unterstützt mich, meinen Körper als individuellen Ausdruck des Göttlichen anzunehmen?

Zusätzliche Hinweise zur LichtWesen Essenz:

Anwender berichteten, dass sie diese Essenz gleichzeitig als entspannend und focussierend erlebten. Die unablässigen Gedanken kamen zur Ruhe, so dass sie sich leichter auf das konzentrieren konnten, was zu tun war. Sie fühlten sich wacher, klarer, konzentrierter und von einer kraftvollen Ruhe erfüllt. Auch ihr Schlaf wurde tiefer und erholsamer.

DIE LEERKARTEN

Die Leerkarten können auf unterschiedliche Weise verwendet werden:

- wenn es eine neue Essenz gibt, können Sie den Namen der Essenz auf die Karte (mit einem wasserfesten Stift) schreiben und dadurch ihr Kartenset vervollständigen.

- die Leerkarte können Sie als Hinweis nehmen, daß ein anderes Wesen, eine andere Lichtenergie oder Ihre eigene innere Kraft und Weisheit, für die sich keine Karte im Set befindet, mit Ihnen Kontakt aufnehmen will. Wenn Sie sich darauf einlassen wollen, laden Sie das Wesen in Ihre Meditation oder in Ihren inneren Raum ein. Spüren Sie seine Kraft, seine Energie, fragen Sie das Wesen, wobei es Sie im Moment unterstützen will oder welche Botschaft, welches Geschenk es für Sie hat. Sollten Sie unsicher sein oder Angst spüren, bitten Sie den Erzengel Michael an Ihre Seite. Er wird darauf achten, daß nur das geschieht, was zu Ihrem Besten ist. Gleichzeitig stärkt er Ihre Kraft und schützt Ihr Energiesystem.

- Sie kann ein Hinweis sein, daß im Moment keine/keine weitere Essenz erforderlich ist.

- Wenn Sie die Karten als Antwort auf eine bestimmte Frage ausgewählt haben, kann diese Karte auch als Hinweis dienen, daß die Fragestellung nicht richtig ist oder überprüft werden sollte.

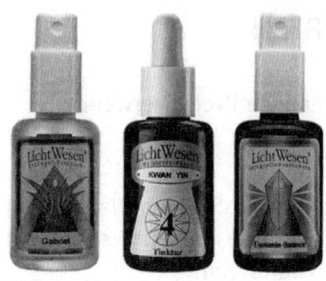

Hinweise und Adressen

Ausführliche Informationen zu den Engeln und Aufgestiegenen Meistern erhalten Sie in den folgenden Büchern von Petra Schneider und Gerhard K. Pieroth:

- *LichtWesen Meisteressenzen*
- *Hilfe aus der geistigen Welt*
- *Engel begleiten uns*

Erschienen im Windpferd-Verlag

Eine praktische Hilfe bilden die CDs der Edition Lebensfreude bei LichtWesen

- *Tore zum Licht*
- *Einweihung ins Leben*
- *Engelkraft für jeden Tag*
- *Sich selbst entdecken*

Weitere CDs sind in Vorbereitung.

Informationen zu den LichtWesen Essenzen und zu Seminaren erhalten Sie unter...

www.lichtwesen.com

oder bei...

Deutschland: LichtWesen AG • Pestalozzistr. 1 • D-64319 Pfungstadt
Tel: 0 61 57-150 20 • Fax: 0 61 57-150 222
EMail: info@lichtwesen.com

Schweiz: Dessauer • Postfach • CH-8036 Zürich
Tel: 01-4 66 96 66 • Fax: -4 66 96 69
EMail: info@dessauer.ch

Österreich: AS Bartsch-Höller GmbH
Schaldorferstr. 16 • A-8641 St. Marein im Mürztal
Tel: 0 38 64-67 77 • Fax: -38 88
EMail: info@ashoeller.com

Niederlande: Holland Pharma • Postbus 76 • 7270 AB Borculo
Tel: 0545-25 10 50 • Fax: -25 10 51
EMail: info@holland-pharma.nl

Italien, Belgien, Spanien
Großhändlernachweis bei
LichtWesen AG Deutschland

Die Autoren

Dr. Petra Schneider

Geboren 1960, studierte und promovierte im Fach Agrarwissenschaft an der Universität Bonn. 1990 beendete sie eine Zusatzausbildung für Lehramt, Verwaltungstätigkeit und Beratung und arbeitete anschließend als Beamtin bei der Landwirtschaftskammer in den Bereichen Umweltschutz in der Landwirtschaft, Braunkohle und Dorfentwicklung.

Seit vielen Jahren beschäftigt Petra Schneider sich intensiv mit dem Sinn des Lebens und Bewußtem Leben. Dazu gehörten auch Ausbildungen im Bereich feinstoffliche Energie, Meditation und ganzheitliche Selbstentfaltung. Unter anderem wurde sie zum Reiki-Lehrer und NLP-Practitioner ausgebildet.

Gemeinsam mit Gerhard K. Pieroth stellt Petra Schneider seit 1995 die LichtWesen Essenzen her. Sie gibt Vorträge und Seminare im In- und Ausland.

Den Mittelpunkt ihres Lebens bildet seit vielen Jahren die Suche nach dem wahren Selbst und die Frage: „Was bringt mich immer wieder aus meiner inneren Balance und wie kann ich mein wahres Sein in jedem Moment des Alltags leben".

Gerhard K. Pieroth

Geboren 1956, ist Diplom-Wirtschaftsingenieur. Er war Mitarbeiter des Computerherstellers IBM in Produktion, Marketing und Vertrieb und Dozent an mehreren Hochschulen.

Eine persönliche Krise führte ihn zur Suche nach dem wahren Selbst. Er begann zu meditieren und besuchte verschiedene Seminare und Ausbildungen. Unter anderem ist er Reiki-Lehrer, NLP-Practitoner, Trainer in der Erwachsenenbildung, ganzheitlicher Erfolgs-und Unternehmensberater und Coach für Unternehmen und Einzelpersonen.

Gemeinsam mit Petra Schneider stellt er die LichtWesen Essenzen her. Er leitet Vorträge und Seminare im In- und Ausland.

Petra Schneider – Gerhard K. Pieroth
LichtWesen Meisteressenzen

*Ein Weg zur Meisterschaft im Leben – Eine systematische
Einführung in die Energie der aufgestiegenen Meister*

Warum geraten wir immer wieder in Schwierigkeiten,
unangenehme Verhaltensmuster und Krankheiten?
Dieses Buch bietet einen Weg zur Meisterschaft im
Leben. Das bedeutet über persönliche Grenzen hinaus
zu wachsen und bewußt zu werden.
Dieses Buch ist sowohl eine ausführliche Beschreibung
von 21 Lebensthemen als auch ein Handbuch zu den
Energien der Aufgestiegenen Meister und zu den
LichtWesen Meisteressenzen. Es enthält Meditationen, die helfen sich in die
unterschiedlichen Kräfte einzustimmen. Außerdem werden die energetischen
Grundlagen zu Aura, Wechselwirkung Körper und Energiesystem und geistige Welt
verständlich erläutert.

280 Seiten • ISBN 3-89385-189-5 • Windpferd Verlag

Petra Schneider – Gerhard K. Pieroth
Hilfe aus der geistigen Welt

*Aufgestiegene Meister und andere Lichtwesen begleiten
unseren spirituellen Weg*

Dieses Buch bietet eine wertvolle Begleitung auf dem
Weg der Selbstentfaltung. Die Autoren, die selbst
diesen Weg seit vielen Jahren gehen, beschreiben 21
grundlegende Lernschritte und Lebensqualitäten,
welche körperlichen Reaktionen auf dem Weg
auftreten, wie man die Hilfe der geistigen Welt nutzen
kann und wie geistige Wesen Transformationsschritte
erleichtern. Das Buch enthält Erfahrungsberichte,
ausführliche Meditationsanleitungen zu 21 aufgestiegenen Meistern und Hinweise zur Arbeit mit
den LichtWesen Essenzen.

240 Seiten • ISBN 3-89385-318-9 • Windpferd-Verlag

Petra Schneider – Gerhard K. Pieroth
Engel begleiten uns

Erzengel und Erdengel sind an unserer Seite

Engel erinnern uns an den göttlichen Funken in uns
und daran, wie unser Leben sein könnte. Mit ihrer
Hilfe wachsen wir zu unserer wirklichen Größe und
entfalten unsere Fähigkeiten. Aufgrund ihrer eigenen
Erfahrung beschreiben die Autoren die geistige Welt
der Engel, ihre Aufgaben, Kräfte und Möglichkeiten.
Und sie zeigen, wie man mit diesen kraftvollen und
zugleich liebevollen Wesenheiten Kontakt aufnehmen
und sie ins Leben einladen kann.

Das Grundlagenwerk zu den Engelkräften sowie zu den
LichtWesen Erzengel- und Integrationsessenzen, mit ausführlichen Beschreibungen
und Meditationen.

200 Seiten • ISBN 3-89385-330-8 • Windpferd-Verlag

Doppel-CD: Sich selbst entdecken

Diese Doppel-CD führt auf heitere und dennoch effektive
Weise zu verborgenen Talenten, Wünschen und inneren
Kräften, während der Zuhörer sich entspannt und erholt.
Die Wirkung beruht auf der Kraft von Worten, Metaphern
und Musik, die auf CD 2 mit einer PC-Graphik untermalt
ist, die Augen und Verstand entspannt. Beide CDs mit
insgesamt 18 Titeln können in jedem CD-Player
abgespielt werden, das PC-Video der CD 2 ist im PC
sichtbar (ab Windows 98, 166 Mhz und XGA-fähige
Grafikkarte) – hervorragend geeignet für die kurze Pause am Schreibtisch.

Text: Petra Schneider

ISBN 3-936102-03-1 • Edition Lebensfreude

CD: Engelkraft für jeden Tag

Laden Sie die Engelkräfte in Ihr Leben ein – jeden Tag. Die 6 Kurzmeditationen enthalten Techniken aus dem Bestseller „Engel begleiten uns" (Windpferd-Verlag) wie Engelkonferenz, Reinigung mit den Elohim und eine Melchizedek-Meditation.
Eine praktische Hilfe für Einsicht und Kraft.

Text: Petra Schneider
Hintergrundmusik nur mit natürlichen Instrumenten

ISBN-3-936102-02-3 • Edition Lebensfreude

CD: Tore zum Licht

Diese geführte Meditation hilft verborgene Einstellungen zu den Themen Partnerschaft, Beruf, Gesundheit, Wohlstand und sich selbst zu erkennen und mit der Kraft der Engel zu heilen. Die Einstimmung verbindet mit der Kraft von Himmel und Erde.

16-seitiges Begleitheft.
Text: Petra Schneider
Hintergrundmusik Gitarre und Keyboard

ISBN 3-936102-00-7 • Edition Lebensfreude

CD: Einweihung ins Leben

Mit dieser Meditation stärken Sie Ihre Verbindung zum höheren Bewußtsein und zur inneren Quelle. Mit einer speziellen Technik lassen sich energetische Blockaden lösen. Zum Entspannen, Wohlfühlen und um Talente zu entfalten.

Text: Petra Schneider
Hintergrundmusik nur mit natürlichen Instrumenten

ISBN 3-936102-01-5 • Edition Lebensfreude